Mercado de
capitais

Central de Qualidade — FGV Management
ouvidoria@fgv.br

SÉRIE CADEMP

Mercado de capitais

Myrian Layr Monteiro Pereira Lund
Cristóvão Pereira de Souza
Luiz Celso Silva de Carvalho

Copyright © 2011 Myrian Layr Monteiro Pereira Lund, Cristóvão Pereira de Souza, Luiz Celso Silva de Carvalho

Direitos desta edição reservados à
EDITORA FGV
Rua Jornalista Orlando Dantas, 37
22231-010 — Rio de Janeiro, RJ — Brasil
Tels.: 0800-021-7777 — 21-3799-4427
Fax: 21-3799-4430
E-mail: editora@fgv.br — pedidoseditora@fgv.br
www.fgv.br/editora

Impresso no Brasil/*Printed in Brazil*

Todos os direitos reservados. A reprodução não autorizada desta publicação, no todo ou em parte, constitui violação do copyright (Lei nº 9.610/98).

Os conceitos emitidos neste livro são de inteira responsabilidade dos autores.

1ª edição — 2012; 1ª reimpressão — 2012; 2ª reimpressão — 2017; 3ª reimpressão — 2021.

Preparação de originais: Sandra Frank
Editoração eletrônica: FA Editoração Eletrônica
Revisão: Fatima Caroni | Jun Shimada
Capa: aspecto:design

Ficha catalográfica elaborada pela
Biblioteca Mario Henrique Simonsen/FGV

Lund, Myrian Layr Monteiro Pereira
   Mercado de capitais / Myrian Layr Monteiro Pereira Lund, Cristóvão Pereira de Souza, Luiz Celso da Silva de Carvalho. – Rio de Janeiro: Editora FGV, 2012.
   180 p. – (Série CADEMP)

   Publicações FGV Management.
   Inclui bibliografia.
   ISBN: 978-85-225-0972-0

   1. Mercado de capitais. 2. Ações (Finanças). 3. Derivativos (Finanças). 4. Fundos de investimento. I. Souza, Cristóvão Pereira de. II. Carvalho, Luiz Celso da Silva de. III. Fundação Getulio Vargas. IV. FGV Management. V. Título. VI. Série.

CDD — 332.0415

Aos nossos alunos e aos nossos colegas docentes, que nos levam a pensar e repensar nossas práticas.

Sumário

Apresentação   11

Introdução   15

1 | **Economia e mercado de capitais**   19
Mercado financeiro   20
Sistema financeiro nacional   22
Mercado primário e mercado secundário   26
Taxa de juros da economia brasileira   32
Risco e retorno   36

2 | **Operações de renda fixa**   43
Tipos de rentabilidade   44
Emissores   46
Aplicações em instituições financeiras   48
Aplicações em títulos públicos   52
Títulos emitidos por empresas   64

Tributação   73

Risco e retorno   75

3 | Ações   79

A que são ações?   80

Direitos dos acionistas   80

Tipos de ações   83

Empresas em que você pode investir   84

Classificação quanto à liquidez   88

Tipos de análise   89

Negociando com ações   93

Índices BM&FBovespa   97

Estratégias   98

Análise de ações   101

Tributação   103

Risco e retorno esperado nas operações com ações   105

Motivos para você investir em ações   107

4 | Derivativos   109

Definição, participantes e ambiente de negociação   110

Contratos a termo   113

Mercado futuro   120

Swap   125

Opções   129

Risco e retorno   138

5 | Fundos de investimento   139

Definição e tipos de fundo   140

Fundos de investimento (FIs)   141

Fundos de investimento em direitos
creditórios (FIDCs)   160

Fundos de investimento imobiliário (FIIs) 161

Fundos de índices (ETF) 162

Fundos de investimento em participações (FIPs) 164

Planos de previdência complementar
   (PGBL e VGBL) 165

Risco e retorno nos fundos de investimento 170

Conclusão 171

Referências 175

Os autores 179

Apresentação

Este livro compõe as Publicações FGV Management, programa de educação continuada da Fundação Getulio Vargas (FGV). Instituição de direito privado com mais de meio século de existência, a FGV vem gerando conhecimento por meio da pesquisa, transmitindo informações e formando habilidades por meio da educação, prestando assistência técnica às organizações e contribuindo para um Brasil sustentável e competitivo no cenário internacional.

A estrutura acadêmica da FGV é composta por oito escolas e institutos: a Escola Brasileira de Administração Pública e de Empresas (Ebape), dirigida pelo professor Flavio Carvalho de Vasconcelos; a Escola de Administração de Empresas de São Paulo (Eaesp), dirigida pela professora Maria Tereza Leme Fleury; a Escola de Pós-Graduação em Economia (EPGE), dirigida pelo professor Rubens Penha Cysne; o Centro de Pesquisa e Documentação de História Contemporânea do Brasil (Cpdoc), dirigido pelo professor Celso Castro; a Escola de Direito de São Paulo (Direito GV), dirigida pelo professor Oscar Vilhena

Vieira; a Escola de Direito do Rio de Janeiro (Direito Rio), dirigida pelo professor Joaquim Falcão; a Escola de Economia de São Paulo (Eesp), dirigida pelo professor Yoshiaki Nakano; o Instituto Brasileiro de Economia (Ibre), dirigido pelo professor Luiz Guilherme Schymura de Oliveira. São diversas unidades com a marca FGV, trabalhando com a mesma filosofia: gerar e disseminar o conhecimento pelo país.

Dentro de suas áreas específicas de conhecimento, cada escola é responsável pela criação e elaboração dos cursos oferecidos pelo Instituto de Desenvolvimento Educacional (IDE), criado em 2003 com o objetivo de coordenar e gerenciar uma rede de distribuição única para os produtos e serviços educacionais da FGV, por meio de suas escolas. Dirigido pelo professor Clovis de Faro e contando com a direção acadêmica do professor Carlos Osmar Bertero, o IDE engloba o programa FGV Management e sua rede conveniada, distribuída em todo o país (ver www.fgv.br/fgvmanagement), o programa de ensino a distância FGV Online (ver www.fgv.br/fgvonline), a Central de Qualidade e Inteligência de Negócios e o Programa de Cursos Corporativos In Company. Por meio de seus programas, o IDE desenvolve soluções em educação presencial e a distância e em treinamento corporativo customizado, prestando apoio efetivo à rede FGV, de acordo com os padrões de excelência da instituição.

Este livro representa mais um esforço da FGV em socializar seu aprendizado e suas conquistas. Ele é escrito por professores do FGV Management, profissionais de reconhecida competência acadêmica e prática, o que torna possível atender às demandas do mercado, tendo como suporte sólida fundamentação teórica.

A FGV espera, com mais essa iniciativa, oferecer a estudantes, gestores, técnicos – a todos, enfim, que têm internalizado o conceito de educação continuada, tão relevante nesta era do conhecimento – insumos que, agregados às suas práticas, possam contribuir para sua especialização, atualização e aperfeiçoamento.

Clovis de Faro
Diretor do Instituto de Desenvolvimento Educacional

Ricardo Spinelli de Carvalho
Diretor Executivo do FGV Management

Sylvia Constant Vergara
Coordenadora das Publicações FGV Management

Introdução

O mercado de capitais é a ferramenta essencial e necessária ao crescimento e desenvolvimento das economias modernas, porque permite que as empresas realizem seus projetos de investimentos com recursos captados junto ao público em geral. Por intermédio do mercado de capitais, qualquer investidor – pequeno, médio ou grande – pode emprestar dinheiro para as empresas, mediante uma taxa de remuneração, ou tornar-se sócio, comprando ações de empresas para receber dividendos anualmente e a valorização do capital investido ao se retirar da sociedade. Por ser um mercado em que as operações são de médio e longo prazos, sua viabilidade depende do bom funcionamento das bolsas de valores, onde os investidores podem negociar suas aplicações com outros investidores.

O conhecimento do mercado de capitais está assumindo uma importância crescente com a procura por alternativas que gerem retornos maiores que as aplicações tradicionais, possibilitando às pessoas alcançar, no longo prazo, recursos para usufruírem na aposentadoria.

Este livro apresenta os principais instrumentos financeiros negociados no mercado de capitais, suas características e riscos envolvidos, com o objetivo de orientar o leitor quanto à dimensão e as possibilidades de investimentos. Está estruturado em cinco capítulos.

O capítulo 1 aborda a intermediação financeira, a atividade econômica e a organização do sistema financeiro nacional, regulando e fiscalizando os mercados financeiros, trazendo maior confiança a todos que desejam investir. Os principais indicadores, taxas de juros e índices de preços serão apresentados ao leitor como pressupostos para avaliar o retorno real dos investimentos. Serão ainda abordados os princípios para a escolha de um investimento.

O capítulo 2 trata das operações de renda fixa, das modalidades de remuneração, dos riscos associados e das formas de negociação antes do vencimento da operação. O crescimento das operações em títulos públicos via tesouro direto evidencia a busca por alternativas conservadoras que possam oferecer retorno maior que os produtos oferecidos pelos bancos, no mesmo nível de risco.

O capítulo 3 estuda o mercado acionário, a forma de negociação, os preços das ações e as análises necessárias para a tomada de decisões. A disseminação do *home broker* como instrumento ágil e de fácil acesso tem estimulado os jovens a ingressar no mercado acionário.

O capítulo 4 aborda o mercado de derivativos, sua importância para proteger preços e a participação dos especuladores em busca de alavancagem dos ganhos financeiros. Serão considerados os quatro mercados derivativos: termo, futuro, opções e *swap*.

O capítulo 5 analisa os fundos de investimento disponíveis no mercado, incluindo os fundos de investimento em direitos creditórios e os fundos imobiliários. Serão também comentados os planos de previdência PGBL e VGBL.

Nestes cinco capítulos você, leitor, é conduzido a conhecer inúmeras possibilidades de investimento e os riscos associados. Desmistifica-se, assim, o mercado de capitais e você é apresentado aos princípios de investimento, em que a escolha do instrumento depende de um planejamento financeiro que considere não só o retorno esperado, mas também o objetivo do investimento, o perfil de risco do investidor e o horizonte de tempo. Todo investimento deve ter como base a busca por uma melhor qualidade de vida no futuro.

1

Economia e mercado de capitais

O tema "mercado de capitais" tem ocupado cada vez mais espaço no mercado financeiro brasileiro. O Brasil está entre as oito maiores economias do mundo, com grande potencial de crescimento, ao lado da China e da Índia. Em 2009, com economia estabilizada, taxa de juros em queda e inflação sob controle, o Brasil recebeu o grau de investimento das maiores agências internacionais de risco, o que significa que investir em títulos brasileiros passou a ter baixo risco de crédito, ou seja, a probabilidade de inadimplência é baixa.

Este cenário positivo, de maior confiança, tem estimulado os investidores brasileiros a emprestarem seu dinheiro para empresas e governo por 10 anos ou até mais em investimentos de longo prazo ou a tornarem-se sócios de empresas com potencial de lucros promissores (crescentes).

Em todo o mundo, o mercado de capitais é uma forma de estimular o aumento da poupança interna e fornecer às empresas um instrumento adicional para captar recursos que financiem sua expansão. Isso é feito por meio de emissão de ações e debêntures pelas companhias, por exemplo. Outra parcela importante do mercado de capitais é a dos títulos públicos.

Para entender melhor o significado do mercado de capitais, é importante que você, leitor, conheça a segmentação do mercado financeiro, o sistema financeiro nacional, a formação da taxa de juros praticada no Brasil e os princípios de investimento que devem nortear a escolha da aplicação.

Mercado financeiro

O mercado financeiro de um país é segmentado em quatro subdivisões – mercado monetário, mercado de crédito, mercado de câmbio e mercado de capitais –, descritas a seguir:

❑ *mercado monetário* envolve as operações de curto e curtíssimo prazos (prazo de vencimento geralmente inferior a um ano), proporcionando um controle ágil e rápido da liquidez e da taxa de juros básica (referência para aplicação e empréstimo) da economia do país. São negociados, principalmente, títulos públicos emitidos pelo governo federal com o objetivo de controlar a liquidez da economia – quantidade de dinheiro em circulação – e alguns títulos privados emitidos pelas instituições financeiras, que você terá oportunidade de conhecer detalhadamente no capítulo 2. O Banco Central (Bacen) é quem administra a quantidade de dinheiro na economia por meio do chamado mercado de *open market*, em que o volume de títulos públicos federais vendidos aumenta quando se deseja reduzir a quantidade de recursos livres para empréstimos e consumo. Da mesma forma, quando o Banco Central deseja manter mais dinheiro em circulação, compra títulos públicos, aumentando o volume de recursos disponíveis no mercado;

❑ *mercado de crédito* visa fundamentalmente suprir as necessidades de caixa de curto e médio prazos dos vários agentes econômicos, seja por meio da concessão de créditos às pessoas físicas (cheque especial, crédito direto ao consumidor, entre outros), seja por empréstimos e financiamentos às empresas (conta garantida, capital de giro, desconto bancário etc.). As operações desse mercado são tipicamente realizadas por instituições financeiras (bancos comerciais, bancos múltiplos, financeiras e cooperativas de crédito);

❑ *mercado de câmbio* contempla as operações de conversão (troca) de moeda de um país pela de outro. Conforme Assaf Neto (2009), esse mercado reúne empresas que atuam no comércio internacional, instituições financeiras, investidores e bancos centrais que tenham necessidades de realizar exportações e importações, pagamentos de dividendos, juros e principal de dívidas, *royalties* e transferências de capitais e de outros valores;

❑ *mercado de capitais* engloba as operações financeiras de médio e longo prazos, como as emissões de debêntures, e as de prazo indeterminado, como as operações com ações.

O mercado de capitais assume papel de extrema relevância no processo de desenvolvimento econômico. É o grande fornecedor de recursos permanentes para a economia, em virtude da ligação que efetua entre os que têm capacidade de poupança, ou seja, os investidores, e aqueles carentes de recursos de longo prazo, ou seja, que apresentam déficit de recursos para investimento. O mercado de capitais está estruturado de forma a suprir as necessidades de investimentos dos agentes econômicos por meio de diversas modalidades de financiamentos no médio e longo prazos, para capital de giro e capital fixo (máquinas, equipamentos, prédios e instalações). Oferece também recursos com prazo indeterminado, como as operações que envolvem a emissão de ações. Nesse mercado, além dos empréstimos bancários, as empresas realizam distribuições públicas, ou seja, emitem títulos de dívida para investidores pessoas físicas e jurídicas que queiram lhes emprestar dinheiro ou emitem ações permitindo a entrada de novos sócios. Entre os principais títulos de dívidas, destacamos o *commercial paper* (nota promissória), as debêntures e a securitização de recebíveis, entre outros, que serão vistos no capítulo 2.

Como você pode observar, leitor, o mercado de capitais engloba títulos pouco conhecidos do investidor tradicional, mas que estão começando a ser oferecidos para pequenos investidores. Um exemplo dessa iniciativa foi o lançamento, em dezembro de 2009, pela BNDES Participações S.A. (BNDESPAR), subsidiária do Banco Nacional de Desenvolvimento Econômico e Social (BNDES), de debêntures com valor nominal de R$ 1.000,00 cada, possibilitando o acesso do pequeno investidor. Foram lançadas duas séries: debêntures com rentabilidade prefixada (vencimento em 1º de janeiro de 2013) e debêntures com rentabilidade vinculada ao índice de preços ao consumidor amplo (IPCA), com vencimento em 15 de janeiro de 2015. O atrativo desses títulos para o investidor é a possibilidade de obter um retorno maior do que o oferecido pelos produtos bancários tradicionais.

Vejamos agora como é a estrutura do sistema financeiro nacional. Conhecê-lo vai lhe proporcionar acesso aos diferentes produtos do mercado de capitais.

Sistema financeiro nacional

O sistema financeiro nacional é composto por um conjunto de instituições financeiras que têm por objetivo intermediar o fluxo de recursos entre tomadores e poupadores. Em outras palavras, viabiliza a relação entre agentes carentes de recursos para consumo e investimento e agentes capazes de gerar poupança e, consequentemente, financiar o crescimento da economia. Por agentes carentes entendem-se aqueles que desejam despender em consumo e investimento valores mais altos do que possuem, assumindo, portanto, uma posição de tomadores de recursos. Por outro lado, os agentes superavitários são aqueles que desejam gastar em consumo e investimento um volume de recursos menor do que sua disponibilidade, formando um excedente de poupança e assumindo a posição de fornecedores de recursos.

Estrutura do sistema financeiro nacional

Entre as instituições que compõem o sistema financeiro nacional, o órgão normativo máximo é o Conselho Monetário Nacional (CMN) – responsável pela política de moeda e de crédito –, que objetiva atender aos interesses econômicos e sociais do país. Entre as funções do CMN, destaca-se a definição da meta para a inflação. Atualmente, o limite para o índice de preços ao consumidor amplo (IPCA) calculado pelo IBGE é de 4,5% ao ano (a.a.), com tolerância de dois pontos percentuais para mais ou para menos.

O Banco Central do Brasil é o principal órgão normativo, executivo e fiscalizador das políticas traçadas pelo CMN. Por isso, é conhecido como o banco dos bancos. Entre suas principais atribuições está o controle da inflação. Como executor da política monetária, o Bacen ajusta a liquidez do sistema bancário de modo a manter a taxa Selic diária próxima da meta definida pelo Copom. Além disso, o Bacen realiza a venda de títulos públicos federais por meio de leilões eletrônicos, de acordo com a programação traçada pelo Tesouro Nacional.

O quadro 1 resume os principais integrantes do sistema financeiro nacional.

Quadro 1
SISTEMA FINANCEIRO NACIONAL

Órgãos normativos	Entidades supervisoras	Operadores			
Conselho Monetário Nacional (CMN)	Banco Central do Brasil (Bacen)	Instituições financeiras captadoras de depósitos à vista	Demais instituições financeiras Bancos de câmbio	Outros intermediários financeiros e administradores de recursos de terceiros	
	Comissão de Valores Mobiliários (CVM)	Bolsas de mercadorias e futuros	Bolsas de valores		
Conselho Nacional de Seguros Privados (CNSP)	Superintendência de Seguros Privados (Susep)	Resseguradores	Sociedades seguradoras	Sociedades de capitalização	Entidades abertas de previdência complementar
Conselho Nacional de Previdência Complementar (CNPC)	Superintendência Nacional de Previdência Complementar (Previc)	Entidades fechadas de previdência complementar (fundos de pensão)			

Fonte: Banco Central do Brasil.

A Comissão de Valores Mobiliários (CVM), por sua vez, é uma autarquia vinculada ao Ministério da Fazenda que age sob a orientação do Conselho Monetário Nacional. Tem por finalidade básica a normatização e o controle do mercado de valores mobiliários, representado principalmente por ações e debêntures emitidas pelas sociedades anônimas. A CVM tem, entre outras, as funções de: incentivar a canalização das poupanças privadas para o mercado acionário; estimular o funcionamento das bolsas de valores e das instituições operadoras do mercado acionário (sociedades corretoras e sociedades distribuidoras de títulos e valores mobiliários) em bases eficientes e regulares; assegurar a lisura nas operações de compra e venda de valores mobiliários e promover a expansão desses negócios; proteger os direitos dos investidores.

Portanto, a atuação da CVM abrange três importantes segmentos do mercado: (a) intermediários financeiros (corretora e distribuidora), administradores de recursos de terceiros e bolsas de valores e de futuros; (b) companhias de capital aberto, cujos valores mobiliários emitidos encontram-se em negociação em bolsas de valores e em mercados de balcão; e (c) investidores, na medida em que é seu objetivo atuar de forma a proteger os seus direitos.

Cabe ainda à CVM normatizar e fiscalizar todas as modalidades de fundos de investimento disponíveis no mercado para aplicação, que serão detalhadas no capítulo 5.

Vale a pena reparar, ainda no quadro 1, que os planos de previdência, conhecidos como Plano Gerador de Benefício Livre (PGBL) e Vida Geradora de Benefício Livre (VGBL), são fiscalizados pela Superintendência de Seguros Privados (Susep), como também o são os seguros e os títulos de capitalização.

Quanto aos fundos de pensão, entidades fechadas de previdência privada complementar (fundação ou sociedade civil sem fins lucrativos e acessível exclusivamente aos empregados de uma empresa ou grupo de empresas ou aos servidores da União, dos estados, do Distrito Federal e dos municípios), são normatizados e fiscalizados pela Superintendência Nacional de Previdência Complementar (Previc).

Vamos agora conhecer o mercado primário (quando a empresa emite títulos ou ações) e o mercado secundário (em que é assegurado ao investidor o direito de negociar seus títulos ou ações com outros investidores).

Mercado primário e mercado secundário

Os mercados financeiros podem ainda ser classificados em mercado primário (venda inicial de títulos e ações pelo governo ou pelas empresas para captar recursos) e mercado secundário (compra e venda de títulos ou ações entre investidores, que podem ser realizadas nas bolsas de valores, nos mercados de balcão organizados ou simplesmente no mercado de balcão).

O mercado primário tem como principal característica o ingresso de recursos novos para a empresa por meio de emissão de títulos de dívida (emissão de debêntures, por exemplo) ou do aumento do capital social (emissão de ações). Os intermediários que podem vender ao público esses títulos ou ações são as sociedades distribuidoras ou sociedades corretoras de títulos e valores mobiliários. Para participar da venda de novos títulos, você, leitor, precisa se cadastrar numa corretora, que pode ser ligada ao banco em que você tem sua conta, ou então cadastrar-se numa corretora independente.

Quanto ao mercado secundário, sua existência é essencial para o sucesso de um mercado de capitais robusto. Como estamos falando de títulos de longo prazo ou mesmo de ações, que não têm data de vencimento, é necessário que haja a possibilidade de o investidor negociar esses ativos a qualquer momento se assim o desejar. Repare que no mercado secundário não há entrada de dinheiro para empresa, mas apenas negociação entre proprietários dos títulos e de ações: um investidor que necessita ter seu dinheiro de volta negocia com outro que tem interesse em ingressar naquele ativo. O mercado de capitais só se desenvolve e cresce diante de um mercado de capitais dinâmico. No Brasil, utilizamos a bolsa de valores para negociar essencialmente ações, mas ela é também o espaço adequado para negociação de títulos públicos e privados.

O mercado secundário é composto dos três mercados regulamentados de valores mobiliários, sendo dois organizados e um não organizado:[1]

❑ *mercado organizado de bolsas de valores, de mercadorias e de futuros* – local em que se realizam transações eletrônicas, divulgadas ao público em geral e acessíveis a qualquer investidor, do pequeno ao grande. No Brasil é representado pela BM&FBovespa. Além da transparência, tem como característica o volume negociado, promovendo maior número de negócios e, consequentemente, menor *spread* entre os preços de compra e venda, favorecendo tanto o comprador quanto o vendedor;

❑ *mercado organizado de balcão* – é aquele em que são realizadas as negociações de valores mobiliários não listados em bolsa, também utilizando terminal eletrônico, proporcionando transparência à negociação e ao investidor. Este mercado é utilizado para os ativos mobiliários que possuem menor volume. A empresa Cetip S.A. (Cetip) possui um ambiente de negociação para títulos privados e públicos, disponível

---

[1] Conforme Instrução CVM nº 461, de 23 de outubro de 2007, que disciplina os mercados regulamentados de valores mobiliários no capítulo 1, art. 3º, considera-se mercado organizado de valores mobiliários o espaço físico ou o sistema eletrônico destinado à negociação ou ao registro de operações com valores mobiliários por um conjunto determinado de pessoas autorizadas a operar por conta própria ou de terceiros.

somente para seus próprios participantes, que são todos aqueles que mantêm seus títulos privados lá custodiados, como instituições financeiras, fundos de investimentos, empresas, grandes investidores, entre outros;

❑ *mercado de balcão não organizado* – é aquele em que as transações são fechadas por telefone ao preço negociado entre corretores. São negociados títulos sem liquidez nos demais mercados. Não há total transparência no preço negociado entre investidores, pois as transações são feitas diretamente pelos intermediários, não havendo sistema ou ambiente para o registro prévio das operações.

Sistemas de custódia e liquidação de títulos – Selic e Cetip

Grande parte dos títulos públicos e privados negociados no mercado monetário (mercado de curto prazo) e mercado de capitais (mercado de longo prazo) são escriturais, ou seja, não são emitidos fisicamente, exigindo maior organização em sua liquidação financeira e transferência eletrônica. As negociações com esses títulos são, dessa forma, controladas e custodiadas por dois sistemas especiais, denominados Selic e Cetip.

O sistema especial de liquidação e custódia (Selic) – que tem por finalidade controlar a emissão primária, a custódia escritural e a liquidação financeira nas negociações com títulos públicos – trouxe maior segurança para as operações de compra e venda de títulos, oferecendo garantias da existência dos papéis em negociação e eliminando o risco de crédito da operação, ao vincular a transferência eletrônica dos títulos à sua liquidação financeira.

A Cetip S.A. – Balcão Organizado de Ativos e Derivativos – é uma sociedade administradora de mercado de balcão organizado, ou seja, um ambiente de negociação e registro de valores mobiliários, títulos públicos e privados de renda fixa e derivativos de balcão. Efetua a custódia escritural de ativos e contratos, registra operações realizadas no mercado de balcão, processa a liquidação financeira e oferece ao mercado uma plataforma eletrônica (mercado de balcão organizado) para a realização de diversos tipos de operações online, tais como leilões e negociações de títulos públicos, títulos privados e valores mobiliários de renda fixa. A Cetip – hoje uma sociedade anônima de capital aberto com ações negociadas na Bolsa de Valores – é a maior depositária de títulos privados de renda fixa da América Latina e a maior câmara de ativos privados do mercado financeiro brasileiro. Sua atuação garante o suporte necessário a todo o ciclo de operações com títulos de renda fixa, valores mobiliários e derivativos de balcão. A credibilidade e a confiança que a Cetip trouxe para o mercado levaram as instituições financeiras a criar e empregar a expressão *título cetipado* como um selo de garantia e qualidade. A câmara tem atuação nacional e congrega uma comunidade financeira interligada em tempo real. Tem como participantes a totalidade dos bancos brasileiros, além de corretoras, distribuidoras, fundos de investimento, seguradoras, fundos de pensão e empresas não financeiras emissoras de títulos, entre outros. Os mercados atendidos pela Cetip são regulados pelo Banco Central do Brasil e pela Comissão de Valores Mobiliários.

Como vimos, a Selic registra, liquida e custodia títulos públicos federais. A Cetip, além do registro, liquidação e custódia de títulos privados e títulos públicos municipais e estaduais, oferece uma plataforma eletrônica a seus participantes. Vamos agora conhecer o ambiente de bolsa de valores e de mercadorias e futuros no Brasil, ou seja, toda a amplitude do mercado secundário brasileiro.

BM&FBovespa

A BM&FBovespa S.A., ou Bolsa de Valores, Mercadorias e Futuros (BM&FBovespa), é uma companhia de capital aberto que oferece os ambientes de negociação relacionados a seguir. Perceba, leitor, a quantidade de operações que podem ser realizadas em bolsas:

- *ações* – no ambiente de bolsa de valores são negociadas ações no mercado à vista, no mercado a termo, no mercado de opções e no mercado futuro de ações, conforme será detalhado nos capítulos 3 e 4. As negociações com ações são realizadas pelo sistema eletrônico de negociação conhecido como Megabolsa, no qual as corretoras registram as ordens dadas por seus clientes. As pessoas físicas podem passar suas ordens aos operadores das corretoras ou operar diretamente pelo *home broker*, que é o acesso às cotações e às operações de compra e venda de ações à vista por meio de digitação pela internet ligada diretamente a uma sociedade corretora, que incluirá automaticamente a sua ordem no sistema Megabolsa. Também são negociados na Bolsa de Valores *Brazilian depository receipts* (BDR) – recibos de ações de empresas estrangeiras – e proteção de investimento com participação (POP) – investimento em ações que limita a perda do investidor em caso de queda do preço da ação;

- *mercadorias e futuros* – esse espaço é destinado às operações de mercado futuro (índice Bovespa, taxa de juros, dólar, café, boi, etanol, açúcar, milho, soja e cupom de câmbio a termo) e às operações à vista de ouro e dólar. No capítulo 4 vamos conhecer as operações do mercado futuro – especialmente índice Bovespa – e de taxa de juros (DI futuro);

- *fundos* – existem fundos de índices denominados, nos mercados internacionais, *exchange traded funds* (ETF), que você vai conhecer no capítulo 5, e fundos fechados, como os fundos imobiliários, cujo resgate você não pode solicitar no momento em que deseja, mas pode negociar suas cotas na Bolsa de Valores;

❑ *renda fixa* – é o ambiente em que podem ser negociados títulos privados, como debêntures, notas promissórias, entre outros;

❑ *leilões* – a Bolsa dispõe de uma infraestrutura completa para a realização de leilões especiais, públicos e privados.

A liquidação das negociações realizadas na Bolsa de Valores é processada pela Companhia Brasileira de Liquidação e Custódia (CBLC), que também efetua a custódia das ações e se responsabiliza pelo recebimento e transferência dos direitos sobre as ações pagos pelas empresas (dividendos, juros sobre o capital, bonificação, entre outros). Na Bolsa de Mercadorias e Futuros, as operações são liquidadas de acordo com o ativo-objeto:

❑ *câmbio* – a Bolsa possui uma *clearing* de câmbio que realiza o registro, a compensação, a liquidação e o gerenciamento de risco de operações de dólar à vista entre os bancos, seja a negociação realizada na BM&FBovespa, seja a negociação privada;

❑ *ativos* – a *clearing* de ativos realiza o registro, a compensação, a liquidação e o gerenciamento de risco de operações com títulos públicos federais emitidos pelo governo brasileiro. As operações registradas na *clearing* de ativos podem ser contratadas pelos clientes em negociações privadas (mercado de balcão) ou por meio da inserção de ofertas no sistema eletrônico da Bolsa, que está disponível (embora ainda não utilizado) inclusive para pequenos investidores;

❑ *derivativos* – a *clearing* de derivativos realiza o registro, a compensação, a liquidação e o gerenciamento de risco de operações com derivativos, mercadorias e futuros.

Como você pode perceber, leitor, o mercado financeiro no Brasil vem se ampliando, novas oportunidades de investimento estão surgindo. Para entender esse universo, vamos abordar a formação da taxa de juros no mercado brasileiro.

Taxa de juros da economia brasileira

O conhecimento da taxa básica de juros de uma economia é importantíssimo para as operações do mercado financeiro, tanto aplicações quanto empréstimos. É a referência que o investidor tem para avaliar o seu investimento.

Todas as economias têm uma taxa referência para suas operações. No Brasil é denominada taxa Selic meta, e é definida pelo Banco Central do Brasil nas reuniões ordinárias do Comitê de Política Monetária (Copom) realizadas a cada 45 dias. Entretanto, temos no Brasil uma peculiaridade: as operações de investimentos são realizadas considerando dias úteis. Isso significa que, em vez de 360 dias corridos, trabalhamos com 252 dias úteis. Com isso, leitor, o seu rendimento mensal numa aplicação de renda fixa estará diretamente relacionado ao número de dias úteis daquele mês. Repare que em fevereiro as aplicações sempre apresentam um rendimento nominal menor, por ser um mês com um menor número de dias úteis.

Dessa forma, a taxa Selic meta é divulgada na frequência anual – base 252 dias úteis – e vigora por todo o período até a próxima reunião ordinária do comitê. O Copom pode também definir o viés (viés de alta ou viés de baixa), que é a prerrogativa dada ao presidente do Banco Central para alterar, na direção do viés, a meta para a taxa Selic a qualquer momento entre as reuniões ordinárias. Você sabe qual a taxa base da economia brasileira? Consulte a *homepage* do Banco Central, <www.bcb. gov.br> para conhecer a taxa Selic meta.

Vamos verificar agora como a taxa Selic meta, referência para as operações de investimento e de empréstimos, é operacionalizada no dia a dia.

Diariamente, os bancos negociam recursos por um dia, entre si utilizando como base a taxa Selic meta. A todo instante durante o dia, os bancos avaliam as suas respectivas posições de caixa: quando estão com dinheiro em caixa, vão procurar instituições financeiras que queiram tomar recursos emprestados. Quando têm empréstimos a conceder a seus clientes, pessoas físicas e jurídicas, retornam ao mercado, captando recursos para recompor o caixa. Os bancos procuram manter seus caixas em níveis baixos durante todo o dia, fornecendo ou tomando recursos de acordo com a necessidade a cada instante. Ao final do dia, é apurada pela Cetip, local onde os bancos registram as operações interbancárias, a taxa média nas operações de um dia útil de prazo (*over*) no mercado interbancário, realizadas por meio de certificado de depósito interbancário (CDI), considerando-se apenas as operações realizadas entre instituições financeiras de conglomerados diferentes (extragrupo), registradas e liquidadas pelo sistema Cetip. A esta taxa média ponderada praticada entre os bancos dá-se o nome de taxa DI Cetip ou, como é comumente conhecida, taxa CDI. A figura 1 apresenta a dinâmica das operações interbancárias no Brasil.

Figura 1
DINÂMICA DO INTERBANCÁRIO NO BRASIL

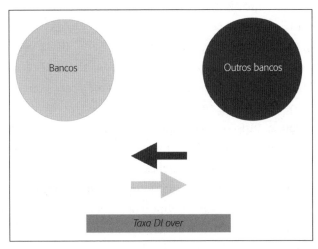

Se quiser saber se seu dinheiro está bem-aplicado, verifique quanto você está ganhando em percentual do CDI. Exemplo: o CDI no mês foi 0,69% e o seu investimento rendeu 0,66% Neste caso você auferiu 0,66 ÷ 0,69 = 0,9565, ou seja, 95,6% do CDI (logo, próximo de 100% do CDI). A meta do investidor com perfil conservador é de negociar um rendimento que esteja o mais próximo possível de 100% do CDI, ou seja, o mais próximo de 100% da taxa que está sendo praticada no mercado financeiro brasileiro.

Agora, leitor, você já sabe avaliar se o dinheiro está bem-aplicado e como negociar com o gerente do banco, sempre em percentual do CDI.

Quando os bancos necessitam de recursos e vendem num dia títulos públicos (uma negociação com recompra garantida), as operações são registradas no Selic, e o Bacen apura e divulga a média das taxas de juros praticadas. Esta taxa média é denominada taxa Selic diária e vai servir de base para a correção dos títulos públicos letras financeiras do tesouro (LFTs) e também para corrigir o imposto de renda (IR) das pessoas físicas.

A taxa Selic *over* (ou Selic diária) é o instrumento primário da política monetária. Cabe à mesa de operações do mercado aberto do Banco Central manter a taxa Selic diária próxima à meta definida pelo Copom. As operações de mercado aberto funcionam como empréstimos de curtíssimo prazo com garantia de títulos públicos federais. Quando há excesso de liquidez, o Bacen vende títulos com compromisso de recompra. Quando há falta de liquidez, compra títulos com compromisso de revenda no dia seguinte. Nessas operações o Banco Central pratica uma taxa de juros próxima da meta definida pelo Copom.

Em resumo, o Copom define a taxa Selic meta, que vai servir de referência para a formação das taxas efetivamente praticadas no mercado brasileiro: taxa Selic diária (nas aplicações em títulos públicos) e taxa DI (para as aplicações em títulos privados bancários e empresariais), conforme observado na figura 2.

Figura 2
TAXAS DE JUROS PRATICADAS NO INTERBANCÁRIO

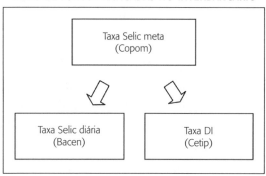

A taxa DI Cetip é utilizada como base para as operações de aplicações e empréstimos bancários. No caso de aplicações, conforme já comentamos, o investidor deve negociar com a instituição financeira o percentual do CDI como remuneração, buscando sempre auferir o mais próximo de 100%. No caso de empréstimos, ele deve também negociar com os bancos o CDI mais um *spread*, por exemplo, CDI + 1% a.m. O *spread* bancário representa a parcela destinada a cobrir custo dos impostos, custos operacionais bancários, inadimplência e margem de lucro desejada pelo banco. Entretanto, as pessoas físicas não utilizam esta dinâmica, preferindo a taxa prefixada, cujos valores médios praticados no Brasil são extremamente elevados: 8,5% a.m. para cheque especial, 12% a.m. para cartão de crédito, 3% a.m. para crédito consignado, entre outros. Já as empresas médias e grandes utilizam o CDI não somente para as aplicações bancárias, mas também nos empréstimos. Por exemplo: a conta garantida, que é equivalente ao cheque especial para pessoa física, é cobrada a partir do CDI mais um *spread*, ou seja, a remuneração do banco: CDI + 0,5% a.m.

No caso de pessoas físicas, a falta de conhecimento do CDI não permite que sejam feitas negociações de empréstimos favoráveis.

Benchmark

Conforme começamos a estudar neste primeiro capítulo, a avaliação de uma taxa de aplicação depende da referência que está sendo utilizada. No Brasil, o *benchmark* (taxa referencial) para avaliação dos títulos de renda fixa é o CDI. Para conhecer melhor o CDI e sua metodologia de cálculo, consulte a homepage <www.cetip.com.br>.

Para o mercado acionário, o *benchmark* mais utilizado é o Ibovespa, índice que representa uma carteira composta pelas ações mais negociadas em quantidade e em volume financeiro. Os investidores que buscam o mercado acionário podem avaliar seus investimentos acompanhando a variação do índice Bovespa (Ibovespa) e observando se o retorno está abaixo ou acima do Ibovespa no médio e no longo prazo. O ideal é que esteja igual ou acima.

Risco e retorno

Para realizar um investimento, é preciso conhecer as diversas possibilidades existentes a fim de reunir elementos que permitam escolher aquela que melhor se adapta à sua necessidade ou é mais conveniente. Para isso, é necessário analisar o prazo disponível para aplicar seus recursos, o retorno esperado e o risco associado a cada alternativa de investimento. Assim é possível escolher a opção ou as opções mais indicadas de acordo com as suas expectativas e o seu perfil de investidor.

Retorno histórico e retorno esperado

As diversas modalidades de investimento – ações, renda fixa, fundos de investimento e derivativos – têm características diferentes em termos de rentabilidade esperada e risco. Rentabilidade esperada é a expectativa de ganho do investidor durante o período em que deixar seus recursos aplicados. E nossas expectativas são formuladas com base na crença que formamos em relação ao comportamento futuro da economia. Assim, usamos os dados passados, como crescimento da economia, inflação, taxa de juros, cenário externo, faturamento e lucro das empresas, preço do dólar e do barril de petróleo, para formar previsões.

Mas não há nenhuma garantia de que o comportamento passado da economia vá se repetir no futuro. A não ser que você tenha uma bola de cristal, é preciso considerar que o futuro poderá não ser como você espera. Assim, tome muito cuidado ao estimar a rentabilidade futura de uma aplicação financeira com base em seu desempenho passado.

Note que sempre tomamos decisões financeiras com base em expectativas que formamos em relação ao futuro.

Ao aplicar seu dinheiro em um título prefixado, você está acreditando que obterá uma rentabilidade maior do que se o aplicasse em um título vinculado ao CDI. Do mesmo modo, ao comprar uma ação, você acredita que as receitas e lucros da empresa irão aumentar no futuro, que ela irá pagar mais dividendos e que a ação se valorizará. Assim, você tem a expectativa de que o maior risco associado a um investimento na ação vai se materializar, no futuro, na forma de uma rentabilidade maior do que você obteria em uma aplicação de renda fixa.

Entretanto, somente no futuro, quando for resgatar sua aplicação financeira, é que você poderá verificar se tais fatos realmente ocorreram, se aquela foi a melhor decisão.

Em vista das diferentes alternativas de investimento, você deve, primeiro, tentar responder as seguintes perguntas:

- ❏ Qual o objetivo do investimento e qual o horizonte de tempo em que pretende deixar os recursos investidos?
- ❏ Quais riscos você está disposto a correr e qual o retorno espera obter?
- ❏ Qual o seu perfil de investidor?

Objetivos do investimento e horizonte de tempo

Há diversas razões para você poupar parte de sua renda e investir no mercado de capitais, entre as quais podemos destacar:

- ❏ curto prazo – fazer uma viagem ou comprar uma nova TV de LED;
- ❏ médio prazo – comprar um automóvel ou fazer uma pós-graduação;
- ❏ longo prazo – pagar a faculdade do filho, comprar um apartamento ou acumular reserva para a aposentadoria.

É comum que os investidores tenham múltiplos objetivos. Nesse caso, os recursos devem ser separados de acordo com o objetivo e o horizonte de investimento, e aplicados em produtos que atendam à expectativa do investidor no que se refere a retorno e risco.

Os recursos investidos para atender objetivos de curto prazo devem ser direcionados para aplicações financeiras conservadoras. Se você aplicar esses recursos em renda variável e as ações se desvalorizarem, não haverá tempo para esperar uma recuperação no mercado de ações, pois vai precisar dos recursos em breve.

Já os recursos voltados para objetivos de médio e longo prazos podem ser parcialmente direcionados para aplicações financeiras mais arriscadas. Nesse caso, se houver uma desvalorização nas ações, você poderá esperar que elas voltem a subir, pois não precisará dos recursos no curto prazo.

Perfil do investidor

Com o intuito de ajudar na tomada de decisão no tocante ao direcionamento dos recursos entre as diversas modalidades de investimento, elencamos a seguir as aplicações financeiras mais indicadas de acordo com o horizonte de investimento e perfil de risco do investidor:

❏ *conservador* – você deseja aplicar seu dinheiro para o curto prazo e tem como objetivo preservar o capital, priorizando as aplicações financeiras mais seguras, de maior liquidez e de baixo risco. Nesse caso, você deve aplicar seus recursos em: caderneta de poupança; CDB pós-fixado, vinculado ao CDI, com liquidez diária e emitido por um banco de primeira linha; título público federal vinculado à taxa Selic; ou um fundo de investimento em renda fixa administrado por um banco de sua confiança e que cobre uma baixa taxa de administração;

❏ *moderado* – você deseja aplicar seu dinheiro para o médio ou longo prazo e pretende aumentar a rentabilidade de seu capital, disponibilizando uma parte dos seus recursos em aplicações um pouco mais arriscadas. Assim, você pode, por exemplo, aplicar 70% em operações de renda fixa, ou seja, títulos públicos ou privados prefixados, e direcionar 30% dos seus recursos para a compra de ações. Uma alternativa são os fundos multimercado balanceados, que têm perfil equivalente e nos quais você terceiriza para o gestor do fundo a escolha dos ativos;

❏ *agressivo* – você deseja aplicar seu dinheiro para o médio ou longo prazo e está disposto a correr mais risco na esperança de aumentar a rentabilidade de seu capital. Nesse caso você pode direcionar para fundos multimercado mais agressivos e fundos de ações.

Tenha em mente que, quanto mais conservadora for sua aplicação financeira, menores serão o retorno esperado e o risco do seu investimento. A figura 3 procura ilustrar a relação entre risco e retorno esperado para os diversos ativos disponíveis para investimento no mercado nacional.

Figura 3
RISCO E RETORNO ESPERADO

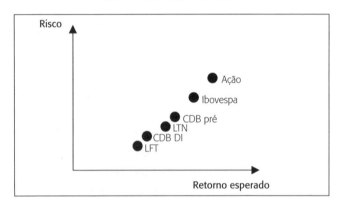

Portanto, antes de tomar uma decisão em relação às diversas alternativas de investimento que serão conhecidas ao longo deste livro, você deverá analisar o objetivo e o horizonte do seu investimento, bem como a rentabilidade esperada e o risco associado a cada tipo de aplicação financeira. Com essas informações, poderá decidir quais produtos financeiros são mais adequados ao seu perfil de investidor.

Tomando esses cuidados, temos certeza que você será capaz de administrar melhor seus recursos financeiros, buscando no médio e longo prazos maior rentabilidade e menor risco.

Nesse primeiro capítulo, introduzimos o conceito de mercado de capitais e mostramos a importância do mercado secundário de títulos e valores mobiliários para o crescimento e desenvolvimento da economia brasileira. Abordamos, ainda, a estrutura do sistema financeiro nacional e a formação da taxa de juros praticada no dia a dia no mercado brasileiro, ou seja, a taxa base para as aplicações e os empréstimos.

No próximo capítulo, vamos destacar as oportunidades de investimento em renda fixa, tanto no mercado monetário quanto no mercado de capitais, para que você, leitor, possa comparar as vantagens e desvantagens e fazer a sua escolha de acordo com o objetivo e o horizonte do investimento.

2

Operações de renda fixa

Neste capítulo vamos abordar as operações de renda fixa, suas características e riscos, bem como as oportunidades de investimentos que estão disponíveis no mercado.

Renda fixa é uma operação com remuneração fixada previamente, definida no início da operação. Ao fazer uma aplicação de renda fixa, você, leitor, está emprestando seu dinheiro para um tomador, que lhe pagará juros pelo período em que os recursos permanecerem com ele. Esse tomador pode ser banco, governo ou empresa. Veja a seguir, no quadro 2, algumas das operações mais conhecidas.

Quadro 2
OPERAÇÕES DE RENDA FIXA

Emissor	Operação de renda fixa
Bancos	Poupança
	Certificado de depósito bancário (CDB)
Governo	Letras do Tesouro Nacional (LTNs), Letras Financeiras do Tesouro (LFTs) e Notas do Tesouro Nacional (NTNs)
Empresas	Debêntures

Vejamos detalhadamente o funcionamento do mercado de renda fixa.

Tipos de rentabilidade

As operações de renda fixa podem ser de dois tipos: prefixadas, em que você já sabe quanto vai receber no final da operação, ou pós-fixadas, quando a operação depende do desempenho de um indexador, como no caso de uma poupança (taxa referencial (TR) + 0,5% a.m.) ou de um título público, Nota do Tesouro Nacional série B (NTN-B) – índice de preços ao consumidor amplo (IPCA) + juros. Algumas operações pósfixadas são conhecidas como flutuantes quando indexadas ao certificado de depósito interbancário (CDI), ou seja, à taxa do sistema especial de liquidação e custódia (Selic diária). Vejamos a seguir como funcionam.

Prefixada

A rentabilidade é prefixada quando a taxa de juros e o valor no vencimento são definidos no momento da operação. Exemplo: uma aplicação de R\$ 100 mil por dois meses (41 dias úteis), que paga 14% a.a., tendo como base 252 dias úteis. Qual o valor de resgate, ou seja, o valor futuro (VF) do título no vencimento?

A fórmula geral de cálculo é:

$$VF = VP \times (1 + i)^n$$
sendo: VP = valor presente; i = taxa; n = prazo.

Temos, então:

$VF = 100.000,00 \times (1 + 14\%)^{41/252} =$

$VF = 102.154,69.$

A aplicação prefixada é recomendada quando há estabilidade na economia ou expectativa de queda da taxa de juros. Na operação exemplificada, você, leitor, garantiu uma rentabilidade de 14% a.a. Se a taxa subir para 15% a.a., você deixará de ganhar esta diferença, pois seu título tem uma rentabilidade preestabelecida de 14% a.a.

Note que o mercado brasileiro utiliza a taxa anual (considerando 252 dias úteis no ano) como base para as negociações. Seu rendimento vai depender do número de dias úteis que o período da aplicação possuir.[2] Quanto maior o prazo, maior a taxa requerida pelo investidor.

Pós-fixada

A rentabilidade é pós-fixada quando é utilizado um indexador e só vamos conhecer o valor de resgate no vencimento, pois o ganho depende do comportamento desse indexador, que pode ser, entre outros, CDI, Selic diária ou IPCA.

Quando a operação utiliza como indexador a taxa Selic diária (CDI), é conhecida no mercado financeiro como flutuante, pois oscila diariamente de acordo com a taxa de juros que está sendo praticada a cada dia. Veja o exemplo de uma operação vinculada ao CDI: considere uma aplicação de R$ 100 mil rendendo 100% do CDI por um prazo de três anos. Suponha que a taxa do CDI nos três primeiros dias foi de 8,66% a.a., 8,65% a.a. e 8,67% a.a., respectivamente. Qual o montante, ou seja, o VF, após este período?

---

[2] Para conhecer o número de dias úteis entre duas datas, acesse, no site da Associação Brasileira das Entidades dos Mercados Financeiro e de Capitais (Anbima), o link referente a feriados: <www.andima.com.br/feriados/feriados.asp>.

$VF = 100.000,00 \times (1 + 8,66\%)^{1/252} \times (1 + 8,65\%)^{1/252} \times (1 + 8,67\%)^{1/252} =$

$VF = 100.000,00 \times 1,000330 \times 1,0003293 \times 1,0003300 =$

$VF = R\$ 100.098,92$

Repare que, numa aplicação flutuante, o investidor ganha o rendimento, dia a dia, de acordo com a taxa de juros da economia. É, portanto, considerado o investimento mais conservador, recomendado para períodos de indefinição ou estresse na economia e também para períodos em que a expectativa é de aumento da taxa de juros.

Há casos em que o rendimento é composto por um indexador e uma taxa prefixada. Exemplo: um investidor aplicou R\$ 50 mil em um título que rende IPCA + 6% a.a. Vamos supor que o IPCA acumulado (acum) no ano foi de 4,5%. Veja como ficaria o valor de resgate.

A fórmula geral de cálculo é:

$$VF = VP \times (1 + IPCA\ acum) \times (1 + 6\%)^n$$

Temos, então:

VF = 50.000,00 × 1,045 × 1,06

VF = R\$ 55.385,00

Vamos conhecer agora os principais emissores de títulos de renda fixa.

Emissores

Os emissores de títulos podem ser divididos em três categorias:

❏ *bancos e demais instituições financeiras* – captam recursos dos investidores para emprestar às pessoas físicas e jurídicas nas

suas diferentes necessidades. O principal instrumento é o certificado de depósito bancário (CDB);
- *governo* – emite títulos para atender às necessidades de financiamento do setor público;
- *empresas* – emitem títulos para fazer frente às suas necessidades de recursos de capital de giro (*commercial paper*) ou de longo prazo (debêntures). As operações de securitização (certificados de recebíveis), por sua vez, são utilizadas para transformar os recebíveis (faturas a receber) em recursos líquidos antes do vencimento.

O quadro 3 exemplifica as possibilidades de renda fixa (emissores e taxas de remuneração) mais comuns oferecidas pelo mercado financeiro brasileiro.

Quadro 3
O MERCADO DE RENDA FIXA NO BRASIL – UMA SÍNTESE

Emissores	Prefixada	Pós-fixada Indexada à taxa CDI/Selic	Pós-fixada Indexada a índice de preços
Governo	LTN	LFT	NTN-B
	NTN-F		NTN-C
Banco	CDB-pré	CDB-DI	CDB-IGP-M
			CDB-IPCA
Empresas	*Commercial paper*	*Commercial paper*	*Commercial paper*
		Debênture	Debênture

Vamos agora conhecer com mais detalhes as diferentes aplicações por emissor.

Aplicações em instituições financeiras

Uma instituição financeira pode oferecer vários produtos, principalmente quando é um banco múltiplo, ou seja, quando agrega várias modalidades de atividades, que denominamos carteiras, num mesmo cadastro nacional de pessoa jurídica (CNPJ). Por exemplo: carteira de banco comercial, carteira de crédito imobiliário, carteira de arrendamento mercantil (*leasing*), carteira de crédito, financiamento e investimento, entre outras. Para a instituição financeira trabalhar com todas essas carteiras, ela precisa de aprovação específica do Banco Central, que é o órgão regulador.

Nesse sentido, dependendo da carteira, o nome do produto ou título emitido para gerar recursos muda. Exemplos:

- ❑ *banco comercial e de investimento* – emite certificado de depósito bancário (CDB) ou letra financeira (LF);
- ❑ *carteira imobiliária* – poupança, letra hipotecária (LH) e letra de crédito imobiliário (LCI);
- ❑ *arrendamento mercantil* – letra de arrendamento mercantil (LAM) e debêntures;
- ❑ *financeira* – letra de câmbio (LC);
- ❑ *agronegócios* – letra de crédito do agronegócio (LCA).

Existe um mito de que a poupança é garantida pelo governo. Na verdade, o que ocorre é que os bancos são obrigados a contribuir para o Fundo Garantidor de Crédito (FGC), que é um fundo destinado a administrar um mecanismo de proteção aos correntistas que possuem depósitos à vista ou emprestaram dinheiro para o banco mediante remuneração. O FGC garante o valor de R$ 70 mil por cadastro de pessoa física (CPF) e cadastro nacional de pessoa jurídica (CNPJ) por instituição. Estão incluídos nessa garantia os seguintes produtos:

- depósito à vista (dinheiro em conta corrente);
- depósito a prazo (CDB);
- poupança;
- letra de câmbio;
- letra hipotecária;
- letra imobiliária.

Assim, verifica-se que a poupança está no mesmo nível de risco de crédito de vários outros produtos emitidos pela instituição financeira. Diante do exposto, veja, leitor, como o leque começa a se ampliar. Se a poupança e o CDB oferecem o mesmo nível de risco (garantia até R$ 70 mil), isso significa que você deve escolher a aplicação que lhe der maior rentabilidade e lhe for mais conveniente em termos de prazo e liquidez. Vejamos as características de cada produto:

- *dinheiro em conta corrente* – alguns bancos transferem automaticamente os depósitos feitos em conta corrente do cliente para uma conta poupança. Dessa forma, os recursos que permanecerem aplicados até a data do aniversário no mês seguinte serão remunerados pela taxa referencial (TR) + 0,5% a.m.;
- *poupança* – o rendimento da poupança foi definido em TR + 0,5% a.m. É ideal para pequenos valores e para quem está começando a investir. Outra vantagem é que a poupança é isenta de IR. Mas se você, leitor, precisar sacar antes da data de aniversário, perderá o rendimento;
- *certificado de depósito bancário (CDB)* – é um título de renda fixa emitido por banco comercial ou banco de investimento e com rentabilidade pré ou pós-fixada:
  - aplicações prefixadas – a taxa de juros é fixada no momento da aplicação. Portanto, é indicada para quem aposta que as taxas de juros não irão subir no futuro e deseja travar

a rentabilidade dos seus recursos pelo prazo pactuado. O banco não dá garantia de recompra durante o período pactuado, tendo o investidor, normalmente, que levar a aplicação financeira até o vencimento;

❑ aplicações pós-fixadas – os bancos oferecem CDBs vinculados ao rendimento do CDI. São as aplicações diretamente concorrentes com a poupança e com a vantagem da liquidez diária, ou seja, você pode sacar o rendimento a qualquer dia. A tabela 1 proporciona uma ideia das taxas praticadas no mercado. Não existe um padrão; é necessário que o investidor negocie;

Tabela 1

TAXAS DE JUROS PÓS-FIXADAS

Valor da aplicação	Remuneração esperada (% do CDI)
R$ 500 a R$ 10.000,00	80 a 85
R$ 10.000,01 a R$ 20.000,00	86 a 90
R$ 20.000,01 a R$ 50.000,00	91 a 93
R$ 50.000,01 a R$ 100.000,00	94 a 95
R$ 100.000,01 a R$ 200.000,00	96 a 97
R$ 200.000,00 em diante	98 a 100

O mercado oferece também modalidades de CDB indexado ao CDI com prazo de carência, o que permite ao investidor que não precisa de liquidez por um ano ou dois anos negociar uma taxa de aplicação mais elevada;

❑ aplicações em índice geral de preços de mercado (IGP-M) + juros ou IPCA + juros – são destinadas aos investidores que querem se proteger de possíveis altas da inflação no médio e longo prazos e ainda garantir um ganho real (juros acima da inflação). O prazo mínimo de aplicação com

índice de preços é de um ano, fixado pelo Banco Central, que é o órgão fiscalizador;
- *letra de câmbio* – é um título emitido por financeiras e tem as mesmas características de rendimento de um CDB. Também é garantido pelo FGC. As aplicações em poupança, CDB ou letra de câmbio têm o mesmo risco de crédito, o que significa que você, leitor, deve escolher aquela de maior rentabilidade e/ou que atenda à sua necessidade de liquidez;
- *letra de crédito imobiliária (LCI)* – é um título que foi criado em 2004, emitido por bancos, associações de poupança e empréstimo, sociedades de crédito imobiliário e companhias hipotecárias, com base em créditos imobiliários e a garantia adicional de alienação fiduciária ou hipoteca dos imóveis financiados. Normalmente indexado ao CDI, tem prazo de resgate definido pelo banco, que pode ser de 6, 12 ou 24 meses. A grande vantagem é não sofrer tributação pelo IR. Logo, se você aplicar numa LCI que rende 90% do CDI, o rendimento é comparativamente superior a 100% do CDB-DI, que tem IR na fonte de no mínimo 15% e vai render líquido ao investidor 85% do CDI;
- *letra hipotecária (LH)* – produto que antecedeu a LCI, mas que está sendo substituído em razão de limitações, como não ser diretamente indexado ao CDI, ou seja, a LH tem que ser emitida em TR e não oferece a garantia de alienação fiduciária, mas apenas hipoteca;
- *letra de crédito do agronegócio (LCA)* – é um título novo no mercado, em que o investidor negocia um percentual do CDI, também isento de IR. É oferecido por instituições que possuem operações de crédito no agronegócio. Não é garantida pelo FGC.

Como podemos observar, em qualquer um dos produtos acima mencionados, emitidos por um mesmo grupo financeiro ou por empresas ligadas a ele, há risco de crédito similar. Entretanto, os prazos e rentabilidades variam muito de acordo com o produto. Consulte seu banco e confira quais desses produtos estão disponíveis, bem como a rentabilidade e a liquidez. Não se esqueça de negociar a taxa.

A seguir, vamos apresentar os principais títulos públicos disponíveis no mercado nacional, que são uma alternativa interessante de investimento para quem tem perfil conservador.

Aplicações em títulos públicos

Os títulos públicos são emitidos pelo Tesouro Nacional para financiar o déficit fiscal do governo federal e possibilitar a rolagem (a renovação) da dívida pública. São vendidos em leilão eletrônico pelo Bacen para os bancos, corretoras e fundos de investimento. Podem ser negociados no mercado secundário, na plataforma eletrônica da Central de Custódia e de Liquidação Financeira de Títulos (Cetipnet) ou por telefone entre os agentes financeiros. Os principais títulos são:

❑ *Letra do Tesouro Nacional (LTN)* – é um título prefixado, portanto com valor de resgate predefinido, sem pagamento de juros intermediários. Quanto maior o prazo, maior a taxa, que incorpora um prêmio pela incerteza futura quanto à taxa de juros da economia brasileira;

❑ *Letra Financeira do Tesouro (LFT)* – é um título cujo valor é atualizado diariamente pela taxa Selic diária, divulgada pelo Bacen.

❑ *Nota do Tesouro Nacional (NTN)* – título de prazo mais longo, com pagamento de juros semestrais (NTN-B ou NTN-F) ou no final (NTN-B principal). As NTNs mais importantes são as das séries B (IPCA), F (prefixada) e C (IGP-M).

As aplicações em títulos públicos deixaram de ser exclusivas de bancos, de fundos de investimento e de grandes investidores. Hoje qualquer pessoa física pode adquirir títulos públicos pela internet por meio do site do Tesouro Nacional <www.tesourodireto.gov.br> a partir de R$ 150,00, cadastrando-se em um agente de custódia[3] habilitado a operar no tesouro direto. Você, leitor, compra e vende título público diretamente no site do Tesouro, mas a liquidação financeira da operação (pagamento ou resgate) é realizada por meio de um agente de custódia habilitado. Os títulos, por sua vez, ficam custodiados na CBLC, vinculados ao agente de custódia escolhido pelo investidor. A esta ferramenta de venda de títulos públicos federais diretamente a pessoas físicas, com CPF e residência no Brasil, dá-se o nome de tesouro direto.

A tabela 2 ilustra os diversos títulos vendidos no tesouro direto, conforme consulta à internet realizada em 22 de novembro de 2011.

Tabela 2
PREÇOS E TAXAS DOS TÍTULOS PÚBLICOS (22 NOV. 2011)

Títulos	Vencimento	Taxa (a.a.) Compra	Venda	Preço unitário dia (R$) Compra	Venda
Indexados ao IPCA					
NTNB Principal 150515	15-5-2015	5,05%	–	1.760,97	–
NTNB 150515	15-5-2015	5,01%	–	2.156,32	–
NTNB 150517	15-5-2017	5,20%	–	2.170,52	–
NTNB 150820	15-8-2020	5,49%	–	2.195,95	–

Continua

---

[3] Agentes de custódia são instituições financeiras (sociedades corretoras, distribuidoras de valores e bancos) responsáveis, perante a CBLC, pela abertura, administração e movimentação das contas de custódia dos investidores, seus clientes.

		Taxa (a.a.)		Preço unitário dia (R$)	
Títulos	Vencimento	Compra	Venda	Compra	Venda
NTNB 150824	15-8-2024	5,46%	–	2.226,09	–
NTNB Principal 150824	15-8-2024	5,50%	–	1.059,37	–
NTNB 150535	15-5-2035	5,52%	–	2.225,59	–
NTNB Principal 150535	15-5-2035	5,56%	–	589,16	–
NTNB 150545	15-5-2045	5,54%	–	2.240,83	–
Prefixados					
LTN 010113	1-1-2013	10,08%	–	899,13	–
LTN 010114	1-1-2014	10,45%	–	810,72	–
LTN 010115	1-1-2015	10,78%	–	726,94	–
NTNF 010117	1-1-2017	11,12%	–	997,50	–
NTNF 010121	1-1-2021	11,25%	–	972,19	–
Indexados à taxa Selic					
LFT 070315	7-3-2015	0,00%	–	4.964,60	–
LFT 070317	7-3-2017	0,00%	–	4.964,60	–
Atualizado em: 22-11-2011 17:50:44.					

Fonte: <www.tesourodireto.gov.br/>, aba "preços e taxas dos títulos". Acesso em: 22 nov. 2011.

Você pode, leitor, investir seus recursos em qualquer um dos títulos públicos listados no dia, conforme a tabela 2: indexados ao IPCA, prefixados ou indexados à taxa Selic. O preço de compra se refere ao preço de um título. Mas você pode adquirir parcelas de 0,2 de um título, o equivalente a 20% do valor do título. Há, entretanto, um valor mínimo de aplicação, igual a R$ 150,00 por dia, e um limite máximo de R$ 400 mil por mês. No vencimento dos títulos, você receberá de volta os recursos aplicados corrigidos pela taxa pactuada no momento da compra, descontado o IR. O valor será creditado na sua conta junto ao seu agente de custódia.

Você poderá resgatar sua aplicação financeira às quartas-feiras, uma vez que o Tesouro Nacional garante recompra automática dos títulos, de forma a dar liquidez ao investimento. Observe, entretanto, que a recompra será efetuada pela taxa de mercado vigente no momento do resgate, que poderá ser diferente da taxa que você pactuou. Isso poderá impactar sua rentabilidade. Voltaremos a esse assunto mais adiante. Agora vamos ver como começar a operar no tesouro direto.

Como investir

Primeiro passo: você precisa escolher um agente de custódia para se cadastrar, pois é por meio desse agente que as operações são registradas e liquidadas. Ao comprar um título no tesouro direto, você faz uma transferência de recursos da sua conta-corrente bancária para o agente de custódia. Ao vender ou resgatar um título no vencimento, os recursos ficam depositados no seu agente de custódia para novas operações. Se quiser transferir para a sua conta-corrente bancária, será necessário solicitar a transferência do dinheiro. É também por intermédio desse agente que seus títulos ficam custodiados, em seu nome, na CBLC. Para verificar os agentes de custódia habilitados no Tesouro, consulte o site do tesouro direto, no ícone corretoras e bancos habilitados.

São três as taxas cobradas nas operações via tesouro direto:

❑ *taxa de negociação* – no momento da compra ou da venda antecipada do título, você paga 0,10% sobre o valor da operação;

❑ *taxa de custódia da BM&FBovespa* – é uma taxa anual de 0,30% a.a. sobre o valor dos títulos, referente à guarda e informação, cobrada semestralmente;

❑ *taxa de serviço do agente de custódia* – as taxas cobradas são diferentes em cada agente de custódia. Você pode verificar no próprio site do Tesouro, no item *ranking* dos agentes de custódia, as taxas de serviço que estão sendo praticadas.

Segundo passo: escolher os títulos que irá comprar. Diferentemente de um fundo de renda fixa, que será objeto do capítulo 5 do livro, ao comprar um título você precisa escolher o tipo de rentabilidade (títulos indexados ao IPCA, prefixados ou indexados à taxa Selic) e a data de vencimento do título. Mas, antes de tomar essas decisões, você precisa definir seu perfil de investidor e o prazo desejado, conforme abordado no capítulo 1.

A seguir, explicamos as características dos principais títulos públicos, as vantagens e os riscos envolvidos em cada um.

Letra do Tesouro Nacional (LTN)

Título prefixado com rentabilidade definida no momento da aplicação dos recursos. Ao comprar esse título, você saberá exatamente o valor que vai receber no vencimento do título: o valor de resgate está definido em R\$ 1.000,00 para cada título. Veja um exemplo: você comprou uma LTN com 63 dias úteis para o vencimento, à taxa de 11% a.a. Vamos calcular o preço unitário (PU) do título:

$$VP = PU = \frac{1.000,00}{(1 + 11\%)^{63/252}}$$

$$VP = PU = R\$ 974,25$$

Assim você paga R\$ 974,25 por título e recebe R\$ 1.000,00 no vencimento. Note que os títulos mais longos tendem a apresentar uma taxa maior. Esse prêmio reflete a incerteza dos investidores em relação ao comportamento da taxa de juros Selic. Indicado para o investidor que acredita que a taxa prefixada será maior que a taxa de juros básica da economia, esse título apresenta as vantagens e desvantagens que se seguem:

- *vantagens*:
  - o investidor sabe exatamente a rentabilidade a ser recebida até a data de vencimento;
  - o investidor sabe exatamente o valor bruto a ser recebido por unidade de título na data de vencimento (R$ 1.000,00);
  - tem fluxo simples: uma aplicação e um resgate;
  - maior disponibilidade de vencimentos para a negociação no tesouro direto;
- *desvantagens*:
  - rendimento nominal: o investidor está sujeito a perda de poder aquisitivo em caso de alta de inflação;
  - o investidor que não conseguir ficar com o título até o vencimento pode ter rentabilidade maior ou menor do que a acordada.

Nota do Tesouro Nacional – série F (NTN-F)

Também é um título prefixado. Assim como na LTN, o investidor sabe exatamente quanto vai receber e qual o retorno do título se carregá-lo até a data de vencimento. Entretanto, no caso da NTN-F, o investidor recebe um fluxo de cupons semestrais de juros. Dessa forma, o recebimento periódico dos juros funciona como um resgate parcial e gera um fluxo de recursos para o investidor, o que pode ser interessante. Também indicado para o investidor que acredita que a taxa prefixada será maior que a taxa de juros básica da economia, esse título apresenta as vantagens e desvantagens que se seguem:

- *vantagens*:
  - o investidor sabe exatamente a rentabilidade a ser recebida até a data de vencimento;

- ❑ o investidor sabe exatamente o valor bruto a ser recebido por unidade de título na data de vencimento (R$ 1.000,00);
- ❑ indicado para o investidor que deseja obter um fluxo de rendimentos periódicos (cupons semestrais) a uma taxa de juros predefinida;

❑ *desvantagens*:
  - ❑ rendimento nominal – o investidor está sujeito a perda de poder aquisitivo em caso de alta de inflação;
  - ❑ o investidor que não conseguir ficar com o título até o vencimento pode ter rentabilidade maior ou menor do que a acordada.

Notas do Tesouro Nacional – série B (NTN-B)

Título que tem sua rentabilidade vinculada ao comportamento do IPCA, além de render juros prefixados. Permite ao investidor obter rentabilidade em termos reais acima da inflação, além de se proteger no caso de elevação do IPCA. Além disso, o investidor recebe um fluxo de cupons semestrais de juros. O recebimento periódico de juros funciona como um resgate parcial e gera um fluxo de recursos para o investidor, o que pode ser interessante. Indicado para o investidor que deseja uma rentabilidade pós-fixada indexada ao IPCA e para o que deseja fazer poupança de médio ou longo prazo, inclusive para aposentadoria, aquisição de imóveis e outros, apresenta as seguintes vantagens e desvantagens:

❑ *vantagens*:
  - ❑ proporciona rentabilidade real;
  - ❑ proporciona proteção contra a alta da inflação, preservando o poder de compra dos recursos investidos;
  - ❑ traz mais conforto ao investidor, pois suprime a preocupação e o trabalho necessários ao reinvestimento e reduz o custo de transação;

- ❑ possui formação de preços simplificada, com metodologia de cálculo mais fácil para o investidor em relação ao NTN-B, que paga cupom de juros semestral;
- ❑ *desvantagem*:
  - ❑ preço do título flutua em função da expectativa de inflação dos agentes financeiros. O investidor que não conseguir "carregar" o título até o vencimento pode ter rentabilidade maior ou menor do que a acordada.

Também são vendidos títulos denominados NTN-B principal. A diferença para o anterior é que neste não há pagamento de juros semestrais. Assim, todo o valor aplicado é recebido no resgate ou no vencimento, corrigido pelo IPCA e pela taxa de juros pactuada;

Veja um exemplo: um investidor comprou por R$ 1.250,00 uma NTN-B principal com 800 dias úteis de prazo e rendimento IPCA + 7% a.a. Considerando uma inflação acumulada de 18% no período, vamos calcular o valor de resgate ou valor futuro (VF):

$$VF = 1.250,00 \times (1 + IPCA\ acum) \times (1 + 7\%)^{800/252}$$
$$VF = 1.250,00 \times (1 + 18\%) \times (1 + 7\%)^{800/252}$$
$$VF = 1.828,41$$

Letra Financeira do Tesouro (LFT)

Indicado para o investidor que deseja uma rentabilidade pós-fixada indexada à taxa de juros da economia (Selic), esse título apresenta as seguintes vantagem e desvantagem:

- ❑ *vantagem*:
  - ❑ fluxo simples: uma aplicação e um resgate;
- ❑ *desvantagem*:
  - ❑ preço do título flutua em função da expectativa de taxa de juros dos agentes financeiros.

Vamos agora explicar como é feita a negociação de um título antes da data de vencimento.

Negociando os títulos antes do vencimento

Ao adquirir qualquer título de renda fixa, você, leitor, está garantindo uma taxa de juros para um determinado prazo. Caso deseje negociar o título antes do vencimento, pode fazê-lo às quartas-feiras ao preço de mercado, o que pode representar ganho ou perda, dependendo de a taxa de juros da aplicação estar, respectivamente, abaixo ou acima da taxa pactuada no momento da aplicação. Dessa forma, sua rentabilidade efetiva será diferente da rentabilidade pactuada quando você comprou o título. Note que podem ocorrer duas situações:

❑ a taxa de juros dos novos títulos está maior que a taxa de juros que você aceitou receber quando comprou seu título. Nesse caso, seu título se desvaloriza e sua rentabilidade efetiva será menor do que a que você esperava receber;

❑ a taxa de juros para os novos títulos está menor que a taxa de juros que você aceitou receber quando comprou seu título. Nesse caso ocorre o inverso: seu título se valoriza e sua rentabilidade efetiva será maior do que a que você esperava receber.

Veja um exemplo para ilustrar esses conceitos: um investidor compra, em 4 de janeiro de 2010, uma LTN com vencimento em 1º de janeiro de 2012, a 11,84% a.a. Se levar até o vencimento, ele receberá o rendimento equivalente a 11,84% a.a. Imagine que, em 2 de janeiro de 2011, esse investidor decida resgatar o título. Vejamos duas situações que podem ocorrer:

❑ se a taxa de mercado para esse título com vencimento em 1º de janeiro de 2012 estiver a 13% a.a, portanto, acima da taxa pactuada, o investidor precisará vender o título por um preço mais baixo (com deságio), pois quem está comprando o título não quer ganhar 11,84% a.a., mas sim 13% a.a.;

❑ se a taxa de mercado para esse título estiver a 10% a.a, o investidor venderá o título dele por um preço mais alto (com ágio), pois quem está comprando aceita ganhar 10% a.a., enquanto o título para o investidor rende 11,84% a.a.

Esse mecanismo de reconhecer o valor de um título pelo preço a que está sendo negociado no dia é conhecido como marcação a mercado.

Os exemplos a seguir possibilitam que você, leitor, conheça o efeito da marcação a mercado nas negociações antes do vencimento do título, que caracteriza a essência do mercado de renda fixa. Esse conceito vale para qualquer título, público ou privado. Note que, quanto maior o prazo de sua aplicação financeira prefixada, maior o impacto das variações nas taxas de juros de mercado sobre o preço dos títulos.

Exemplo 1: LTN (prefixada) de curto prazo – José Roberto fez uma aplicação em LTN à taxa de 11% a.a. Imagine que faltam 63 dias úteis para o vencimento e José Roberto precisa resgatar hoje seu investimento. A taxa de mercado está em 13% a.a. Ele terá alguma perda? Em caso positivo, qual o percentual de perda?

Considerando-se que o valor de resgate de uma LTN está definido em R$ 1.000,00 para cada título, calcula-se o valor presente (VP) à taxa de 11% a.a. para se chegar ao preço pelo qual José Roberto gostaria de vender o título. Em seguida, calcula-se o VP a 13% a.a., que é a taxa de mercado.

$$\text{VP (11\% a.a.)} = \frac{1.000,00}{(1 + 11\%)^{63/252}} = 974,25$$

$$\text{VP (13\% a.a.)} = \frac{1.000,00}{(1 + 13\%)^{63/252}} = 969,91$$

$$\text{Percentual de ágio/deságio} = [(\frac{969,91}{974,25} - 1) \times 100] = -0,44\%$$

(deságio).

Repare que José Roberto gostaria de vender seu título por R$ 974,25, mas o mercado só paga R$ 969,91, porque a taxa de juros subiu. Se vender o título, estará deixando de receber 0,44% do seu rendimento, porque os investidores só compram título se a rentabilidade de hoje até o vencimento for de 13% a.a., maior do que os 11% a.a. que o José Roberto aceitou receber quando comprou o título.

E se, no momento do resgate, a taxa estivesse a 9% a.a.? Vamos aos cálculos:

$$VP \ (11\% \ a.a.) = \frac{1.000,00}{(1 + 11\%)^{63/252}} = 974,25$$

$$VP \ (13\% \ a.a.) = \frac{1.000,00}{(1 + 9\%)^{63/252}} = 978,69$$

$$\text{Percentual de ágio/deságio} = [(\frac{978,69}{974,25} - 1) \times 100] = -0,46\%$$

(ágio)

Nesse caso, José Roberto conseguiria vender seu título por R$ 978,25, acima do esperado, ou seja, o título seria vendido com um ágio de 0,46%, ganho adicional, acima do rendimento que José Roberto pactuou quando comprou o título.

Exemplo 2: LTN (prefixada), médio e longo prazos – Suponha que José Roberto tivesse outra aplicação de prazo mais longo, também realizada a 11% a.a., na qual faltam 273 dias úteis para o vencimento e o mercado está em 13% a.a.

$$VP \ (11\% \ a.a.) = \frac{1.000,00}{(1 + 11\%)^{273/252}} = 893,10$$

$$VP \ (13\% \ a.a.) = \frac{1.000,00}{(1 + 13\%)^{273/252}} = 875,99$$

$$\text{Percentual de ágio/deságio} = [(\frac{875,99}{893,10} - 1) \times 100] = -1,92\%$$

(deságio)

Repare que José Roberto gostaria de vender seu título por R$ 893,10, mas o mercado só paga R$ 875,99, porque a taxa subiu. Ele está reduzindo o ganho esperado em 1,92%. Note que a perda é maior do que no exemplo anterior, pois o título é mais longo. Assim, caro leitor, cuidado ao comprar títulos prefixados longos se tiver a intenção de resgatar antecipadamente.

Por outro lado, se a taxa de juros de mercado estiver menor do que a pactuada no início da operação, ocorre o inverso do observado no exemplo anterior, ou seja, o investidor terá um ganho superior ao que esperava quando comprou o título.

Considere, como exemplo, que José Roberto, ao vender seu título, verificou que a taxa de juros de mercado estava em 9% a.a.; portanto, inferior ao que ele pactuou quando fez a aplicação.

$$\text{VP (11\% a.a.)} = \frac{1.000,00}{(1 + 11\%)^{273/252}} = 893,10$$

$$\text{VP (9\% a.a.)} = \frac{1.000,00}{(1 + 9\%)^{273/252}} = 910,87$$

$$\text{Percentual de ágio/deságio} = [(\frac{910,87}{893,10} - 1) \times 100] = 1,99\%$$

(ágio).

Com os dois exemplos acima, pode-se depreender que os títulos prefixados longos são mais voláteis e podem proporcionar maiores ganhos (se a taxa de juros cair) ou maiores perdas (no caso de alta da taxa de juros) do que os títulos de curto prazo, quando negociados antes do vencimento.

O mesmo raciocínio vale para as NTNs-B, que pagam uma taxa real de juros prefixada acima do IPCA. Esses títulos são normalmente longos e têm um componente prefixado. Assim, se você precisar vender seus títulos antes do vencimento, poderá perder uma boa parte da rentabillidade esperada ou, ainda, dependendo do prazo do título e da alta na taxa de juros, parte do principal.

Títulos emitidos por empresas

As empresas também podem emitir títulos para financiar sua necessidade de capital de giro e investimentos, complementando os empréstimos fornecidos pelos bancos. Entre os principais títulos emitidos, podemos destacar os *commercial papers* (notas promissórias) e as debêntures. Temos também os certificados de recebíveis imobiliários (CRI), que são títulos representativos de uma securitização de recebíveis. Estamos considerando aqui empresas comerciais, industriais, de serviços e empresas não financeiras ligadas a conglomerados financeiros, como as empresas de arredamento mercantil (*leasing*). Todas elas emitem títulos de dívida (obrigações). Vejamos os principais.

Debêntures

Como descrito no site *Debentures.com.br*,[4] mantido pela Associação Brasileira das Entidades dos Mercados Financeiro e de Capitais (Anbima), as debêntures são

> valores mobiliários ativos emitidos por sociedades por ações, de capital aberto ou fechado. Para maiores detalhes, consultar a definição na Lei nº 6.385, de 7 de setembro de 1976, disponível no Guia de Consulta Rápida à Legislação [títulos de renda fixa].
>
> Os ativos de renda fixa se caracterizam pelo pagamento de rentabilidade predefinida, seja ela totalmente prefixada ou tendo parte prefixada e outra atrelada a indicadores do mercado financeiro, como índices de preços ou taxas de juros, ou totalmente flutuante, indexada a um destes indicadores. Se diferenciam dos

---

[4] Disponível em: <www.debentures.com.br/espacodoinvestidor/introducaoadebentures.asp##>. Acesso em: 23 nov. 2011.

chamados títulos de renda variável, aqueles cuja remuneração ou retorno de capital não pode ser dimensionado no momento da aplicação [que podem ser emitidos por sociedades anônimas não financeiras, de capital aberto ou fechado].

Entretanto, para que sejam vendidas ao público, devem ser emitidas por companhias de capital aberto, com registro prévio na CVM. Se for companhia de capital fechado, a venda dos títulos tem de ser privada e predefinida, ou seja, não pode ser oferecida ao público em geral. A debênture é um título de crédito representativo de empréstimo que uma companhia faz junto a terceiros e que assegura a seus detentores direitos contra a emissora. O objetivo é captar recursos de médio e longo prazos. Os bancos não podem emitir debêntures, mas as sociedades de arrendamento mercantil e as companhias hipotecárias estão autorizadas a fazê-lo.

Classes

Ainda de acordo com a Anbima, existem três classes de debêntures:

- ❏ simples – não são conversíveis ou permutáveis em ações;
- ❏ conversíveis – podem ser convertidas em ações da empresa emissora de acordo com regras previstas na escritura da emissão;
- ❏ permutáveis – as debêntures permutáveis podem ser convertidas em ações de outra empresa que não a companhia emissora de acordo com as regras definidas na escritura de emissão.[5]

---

[5] Disponível em: <www.debentures.com.br/espacodoinvestidor/introducaoadebentures.asp##>. Acesso em: 23 nov. 2011.

Na classe simples, o investidor recebe os juros, a correção e os prêmios nas datas estipuladas.

Já as conversíveis possuem cláusula que permite ao investidor, em vez de receber o dinheiro corrigido nas condições previamente estabelecidas, converter o empréstimo em ações da companhia. O critério de conversibilidade está definido no prospecto que o leitor deve ler antes de adquirir as debêntures. Os acionistas originais, nesse caso, têm prioridade de compra no lançamento destas debêntures que possuem cláusula de conversibilidade.

Garantias

No que diz respeito à garantia, a Abima define as seguintes classificações:

- ❑ real – são debêntures garantidas por bens integrantes do ativo da companhia emissora ou de terceiros, sob a forma de hipoteca, penhor ou anticrese;
- ❑ flutuante – a garantia flutuante assegura à debênture privilégio sobre o ativo da companhia emissora, não impedindo a negociação dos bens que compõem este ativo;
- ❑ quirografária – as debêntures quirografárias não oferecem aos títulos nenhum privilégio, concorrendo em igualdade de condições com os demais credores quirografários da emissora;
- ❑ subordinada – as debêntures subordinadas preferem somente os acionistas da emissora no ativo remanescente, no caso de liquidação da companhia.[6]

Em caso de garantia real, um bem da empresa, que não pode ser vendido ou onerado a terceiros, é dado em garantia

---

[6] Disponível em: <www.debentures.com.br/espacodoinvestidor/introducaoadebentures.asp##>. Acesso em: 23 nov. 2011.

pela emissora da debênture. Essa garantia assegura ao investidor preferência sobre outros credores, desde que registrada em cartório. É uma garantia forte. Normalmente são dados em garantia os terrenos e as fábricas da emissora.

A garantia flutuante assegura à debênture privilégio sobre o ativo da companhia emissora, não impedindo a negociação dos bens que compõem este ativo. É uma garantia fraca, e sua execução privilegiada é de difícil realização. Exemplo: duplicatas a receber.

Em caso de garantia quirografária, o detentor do título não goza de preferência na lista de credores (credor comum) e, na subordinada, é o último a receber entre os credores: no caso de liquidação da companhia, só tem preferência sobre os acionistas.

Tipos de remuneração

Tal qual os demais títulos de renda fixa, as debêntures podem ser indexadas ao CDI ou a índices de preços (mais usualmente IPCA e IGP-M).

Negociação

A companhia emissora só tem obrigação de resgatar o título na data do seu vencimento. Nesse meio-tempo, o investidor pode negociar no mercado secundário a preço de mercado.

Como acompanhar o preço das debêntures

Ainda de acordo com a Anbima,

> definido na data de emissão, o valor nominal das debêntures é atualizado ao longo da existência do título, de acordo com as características previamente estabelecidas na escritura de

emissão, resultando no chamado Preço Unitário (PU) da curva, ou PU Histórico. [Entretanto, tal qual ocorre no mercado de títulos,] os negócios realizados com debêntures no mercado secundário [negociação antes do vencimento] podem ser diferentes do seu preço na curva [preço histórico], em função das condições de mercado e liquidez, dando origem aos preços de negociação.[7]

Quando há baixa liquidez do ativo, como ocorre no caso das debêntures, a ausência de preços de negociação é compensada pelos preços de referência, mediante uma metodologia de precificação de ativos que seja de conhecimento público, como os modelos desenvolvidos pela Anbima.

A divulgação em tempo real dos preços praticados no mercado secundário, assim como de preços de referência, tem sido crescentemente utilizada no mercado internacional como forma de aumentar a transparência dos negócios realizados com debêntures, incentivando a participação de um número maior de investidores.[8]

Como investir

A distribuição pública de debêntures só pode ocorrer com a intermediação de bancos ou sociedades corretoras (instituições financeiras integrantes do sistema de distribuição de valores mobiliários). [...]

Para o investidor, o primeiro passo é o conhecimento de todas as condições da oferta, desde as informações sobre a empresa emissora até as características e classificação de risco – *rating* –

---

[7] Disponível em: <www.debentures.com.br/espacodoinvestidor/introducaoadebentures. asp##>. Acesso em: 23 nov. 2011.

[8] Disponível em: <www.debentures.com.br/espacodoinvestidor/introducaoadebentures. asp##>. Acesso em: 23 nov. 2011.

do ativo que deseja comprar. Todas essas informações estão disponíveis no prospecto da oferta ou do programa de distribuição e na escritura de emissão, [documento que você, leitor, assina ao comprar uma debênture definitiva], cuja leitura é obrigatória para quem quer investir.[9]

No site do Sistema Nacional de Debêntures (SND),[10] os investidores podem acompanhar diariamente todas as informações sobre as debêntures registradas.

O investidor também deve contar com as informações que são disponibilizadas pelos agentes fiduciários das emissões de debêntures, que representam os interesses da comunhão dos debenturistas em uma emissão. Eles são os representantes dos debenturistas.

Commercial paper

O *commercial paper* ou nota promissória comercial é um título privado de emissão exclusiva das sociedades anônimas (S.As.). O *commercial paper* não possui pagamentos de juros intermediários. O rendimento está implícito no deságio em relação ao valor de face (valor no vencimento) na época de sua negociação. Porém, o valor de face pode ser corrigido por taxas indexadas ao CDI ou à Selic, pela TR e pela taxa de juros de longo prazo (TJLP).

O prazo mínimo é de 30 dias. O prazo máximo é de 180 dias para S.A. de capital fechado e 360 dias para S.A. de capital aberto.

Trata-se de títulos emitidos visando a captação pública de recursos para o capital de giro das empresas com prazo de até um

---

[9] Disponível em: <www.debentures.com.br/espacodoinvestidor/comoinvestir.asp>. Acesso em: 23 nov. 2011.
[10] <www.debentures.com.br>.

ano. O título é negociado no mercado, constituindo-se em um importante mecanismo de financiamento para as companhias de capital aberto, alternativamente ao sistema bancário. Seu prazo não ultrapassa um ano.

A garantia é o próprio desempenho da empresa, e os títulos podem ser adquiridos pelas instituições financeiras para sua carteira própria ou para repasse a seus clientes investidores.

A principal vantagem do emitente do título é a possibilidade de tomar recursos a um custo muitas vezes inferior às taxas de juros praticadas nos empréstimos bancários. Cabe ao investidor avaliar o risco de crédito, ou seja, de pagamento, de quem está emitindo o título.

Os principais investidores de *commercial paper* são os bancos, os fundos de pensão e as empresas seguradoras. São atraídos pela diversificação que o título pode proporcionar em suas carteiras de investimento pela rentabilidade e pela curta maturidade.

Certificado de recebíveis imobiliários (CRI)

O CRI é um ativo de renda fixa que tem como lastro o fluxo de pagamentos de contraprestações de aquisição de bens imóveis ou de aluguéis. É uma operação de captação financeira por meio de títulos emitidos pelos próprios tomadores de recursos. Essa alternativa de financiamento vem tomando em boa parte o lugar dos empréstimos convencionais dos bancos, notadamente os descontos bancários, construindo um mercado de emissão direta em que se estabelece a securitização da carteira de recebíveis das empresas.

O que é securitização de recebíveis?

Securitização é a operação na qual uma empresa que possui ativos – contas a receber, por exemplo – deseja vendê-los a terceiros para antecipar o recebimento de recursos para realizar novas operações. Para fazer uma distribuição pública, ou seja, para que o público em geral tenha acesso, é necessário "empacotar" os ativos e aprovar a operação na CVM, possibilitando que uma empresa de propósito específico (companhia securitizadora) adquira o pacote e, a partir de então, emita certificados lastreados nos créditos por ela adquiridos e vendidos aos investidores interessados sob a forma de certificado de recebíveis.

Cada operação de securitização conta normalmente com três partes. Uma delas é o originador, ou seja, aquele que gera o ativo – que pode ser um empréstimo, um *leasing*, recebíveis (contas a receber). Além dele, existem os intermediários, cuja atribuição é estruturar a operação de securitização (companhia securitizadora) e viabilizar a distribuição aos investidores, que são os últimos participantes da negociação.

A securitização é uma operação muito comum nos países desenvolvidos. Cabe ressaltar que Espanha, Países Baixos e Inglaterra possuem créditos securitizados que já superam 50% do produto interno bruto (PIB).

O fluxo básico de uma securitização de recebíveis, segundo Assaf Neto (2009), é apresentado a seguir:

- ❏ uma empresa, com base em sua carteira de recebíveis, decide levantar recursos no mercado emitindo títulos de crédito para colocação com investidores;
- ❏ é constituída, para tal, uma sociedade de propósito específico (SPE), cujo objetivo é adquirir os recebíveis mediante a respectiva emissão de títulos;
- ❏ a SPE procede à colocação dos títulos emitidos no mercado, ocorrendo continuamente a renovação dos recebíveis;
- ❏ os clientes da empresa comercial realizam seus pagamentos normalmente nos locais determinados, resgatando os recebíveis;

❑ é nomeado um agente fiduciário da operação (*trustee*) – geralmente um banco – com a responsabilidade de supervisionar a gestão da SPE;

❑ é efetuada auditoria externa nas operações relacionadas com a empresa comercial e com a SPE e as avaliações são encaminhadas ao agente fiduciário;

❑ os investidores recebem relatórios periódicos do agente fiduciário, contendo análises das demonstrações financeiras e pareceres.

Vejamos a seguir dois exemplos de securitização de recebíveis que ocorreram no Brasil em 2007:

Exemplo 1: a Caixa Econômica Federal decidiu securitizar R\$ 2 bilhões de operações de créditos imobiliários, abrindo espaço para novos financiamentos. Esses créditos securitizados podem ser oferecidos ao investidor do varejo, que passa a ter a opção de aplicar seus recursos em certificados de recebíveis, com o benefício da isenção de IR sobre o rendimento e ganho superior ao das operações tradicionais de renda fixa.

Exemplo 2: a Fundação da Companhia Energética de São Paulo (Cesp) tinha por objetivo gerar uma blindagem dos recursos das 15 patrocinadoras do setor elétrico, cujos recursos estavam aplicados em imóveis, sem separação da titularidade. A Fundação Cesp poderia separar os imóveis por patrocinadora, o que acarretaria um custo bastante elevado. A solução encontrada, mais viável economicamente, foi trocar os investimentos em imóveis próprios por certificado de recebíveis imobiliários (CRI). Veja o detalhamento da operação: a Fundação Cesp vende os imóveis e securitiza os recebíveis provenientes da venda. Os CRI emitidos são adquiridos, proporcionalmente, em nome das 15 patrocinadoras.

O CRI deve ter como lastro créditos imobiliários e somente pode ser emitido com uma finalidade: a aquisição de créditos imobiliários. As operações podem ser tanto residenciais, quanto comerciais.

Os exemplos 1 e 2 têm estruturas distintas, mas taxas e indexadores semelhantes.

As principais vantagens dessas operações são a rentabilidade atraente e a isenção de imposto de renda sobre os rendimentos para as pessoas físicas. Além disso, o investidor conta com um fluxo de caixa previamente conhecido, com a garantia real no investimento por se tratar de imóvel e com a segregação do risco do patrimônio do investidor, uma vez que os títulos foram adquiridos por uma sociedade de propósito específico (SPE). O investidor deve acompanhar permanentemente o *rating* dos recebíveis, os relatórios de auditoria e os relatórios periódicos do agente fiduciário.

Tributação

As operações de renda fixa estão sujeitas à tributação de imposto sobre operações financeiras (IOF) e de imposto de renda (IR) no momento do resgate ou recebimento de rendimentos intermediários. É importante que você, leitor, conheça o fato gerador de cada imposto e as alíquotas cobradas para reduzir o impacto da tributação nos seus investimentos.

Imposto sobre operações financeiras (IOF)

O IOF incide sobre os resgates ocorridos nos primeiros 30 dias a contar da data da aplicação. O fato gerador é o resgate ou a venda do título. A base de cálculo é o valor de resgate, ao qual se aplica a alíquota de 1% a.d., limitado a um percentual do rendimento, de acordo com a tabela 3.

Tabela 3

IOF NAS APLICAÇÕES

Dias	% limite	Dias	% limite	Dias	% limite
1	96	11	63	21	30
2	93	12	60	22	26
3	90	13	56	23	23
4	86	14	53	24	20
5	83	15	50	25	16
6	80	16	46	26	13
7	76	17	43	27	10
8	73	18	40	28	6
9	70	19	36	29	3
10	66	20	33	30	0

Fonte: Decreto nº 6.306 de 14 de dezembro de 2007.

Imposto de renda (IR)

Todas as operações de renda fixa estão sujeitas ao pagamento do IR. A tributação é regressiva, como se pode observar a seguir. Quanto mais tempo seu dinheiro ficar aplicado, menos imposto de renda você pagará. Veja a tabela 4.

Tabela 4

IR NAS APLICAÇÕES

Prazo de aplicação (dias)	Alíquota IR (%)
Até 180	22,5
De 181 a 360	20,0
De 361 a 720	17,5
Acima de 720	15,0

O fato gerador do imposto é a transmissão do título (liquidação ou vencimento, resgate, cessão, repactuação, outros).

Podemos citar como exemplo o vencimento de um CDB ou sua negociação durante o período de vigência do título. O recebimento de juros intermediários, como no caso da NTN-B, também representa fato gerador de imposto de renda.

O cálculo do IR toma como base o total dos rendimentos obtidos, da data da compra até a data da venda (cessão, repactuação, recebimento de juros intermediário) do título, deduzido o IOF, se houver. O responsável pelo recolhimento é a pessoa jurídica que efetua o pagamento dos rendimentos. Estão isentos da cobrança do IR os títulos destinados a empréstimos imobiliários e empréstimos do agronegócio, como poupança, letra hipotecária, letra imobiliária, certificado imobiliário de recebíveis e letra de crédito do agronegócio.

Vamos agora sintetizar os riscos inerentes ao mercado de renda fixa, associando-os ao retorno esperado.

Risco e retorno

Como vimos no decorrer desse capítulo, as operações de renda fixa englobam diferentes títulos pré e pós-fixados, privados e públicos. Nesse tipo de aplicação estão presentes os seguintes riscos: liquidez, mercado e crédito.

O risco de liquidez está associado à perda de parte do rendimento, ou mesmo do principal, caso você precise vender o título e resgatar sua aplicação financeira antes do vencimento. Isso ocorre, por exemplo, nos títulos privados, em que não há um mercado secundário ativo. Para resgatar seu dinheiro, você terá de negociar o valor com o banco que lhe vendeu o título. No caso dos títulos públicos federais, a presença de um mercado secundário ativo garante liquidez e negociação por um preço justo.

O risco de crédito está associado ao não recebimento do principal e juros no vencimento do título. Os títulos públicos federais são considerados atualmente ativos com baixo risco de crédito, pois, no limite, o governo pode emitir dinheiro e pagar os títulos no vencimento. No caso dos títulos privados, a probabilidade de não receber os recursos no vencimento está relacionada à capacidade de pagamento do emissor. Esse risco é baixo para os bancos de primeira linha e aumenta quando você compra um título de um banco médio ou pequeno, ou compra uma debênture de uma empresa. Lembre-se, no entanto, de que o CDB até R$ 70 mil é garantido pelo Fundo Garantidor de Crédito.

Já o risco de mercado está associado à queda no valor do título prefixado em função da alta na taxa de juros. Nesse caso, ao vender o título antes do vencimento você poderá perder parte do rendimento, ou mesmo parte do principal. Isso acontece devido ao processo de marcação a mercado dos títulos quando ocorre uma alta nas taxas de juros. Imagine que você comprou um título que rende 10% a.a. e, devido ao aumento da inflação e expectativa de alta na taxa Selic, os novos títulos estão sendo negociados agora a 12% a.a. Ora, se seu título rende menos do que os novos títulos, ele vale menos e, portanto, se desvaloriza. Assim, o valor de negociação de um título prefixado depende do seu prazo, contado do dia da negociação até o vencimento, e da taxa de juros praticada no mercado no dia da venda. Dessa forma, quanto maior o prazo do título, maior o risco de perdas decorrentes da alta na taxa de juros quando você for vendê-lo.

Entretanto, se você ficar com o título até o vencimento, receberá a rentabilidade contratada. Nesse caso, o único risco é de alta da inflação, que corrói a rentabilidade real do seu investimento, ou seja, a rentabilidade aparente descontada da inflação.

Ora, o que levaria você, leitor, a comprar um título mais arriscado? Obviamente, a expectativa de obter um retorno maior.

Os títulos públicos federais atrelados à Selic (LFT) e os

CDBs vinculados ao CDI são os mais conservadores, pois apresentam baixo risco de crédito, baixa liquidez e baixo risco de mercado.

Já os títulos prefixados precisam oferecer um prêmio para compensar o risco de mercado. Assim, para atrair os investidores, eles apresentam maior rentabilidade esperada. Naturalmente, quanto maior o prazo da aplicação financeira, maior deveria ser essa rentabilidade esperada.

Quanto aos títulos privados emitidos por bancos médios e pequenos ou por empresas que apresentam maior risco de crédito e de liquidez, deveriam oferecer uma rentabilidade esperada ainda maior.

Neste capítulo, vimos que temos várias possibilidades de investir os nossos recursos e que precisamos escolher o tipo de rentabilidade (pré ou pós-fixada) e o prazo de acordo com o nosso objetivo e conhecendo os riscos de crédito, de mercado e de liquidez.

No próximo capítulo, vamos apresentar e procurar desmistificar o mercado de ações, trazendo informações sobre suas características e contribuições para a análise e escolha de ações nas quais investir.

3

Ações

Como vimos no primeiro capítulo, as ações representam um dos principais ativos que compõem o mercado de capitais. Na verdade, a grande maioria do público costuma associar imediatamente o termo mercado de capitais a ações. O presente capítulo procura esclarecer dúvidas e possíveis mal-entendidos sobre as ações.

Além de buscar recursos por meio de empréstimos bancários, a empresa muitas vezes precisa de grande quantidade de capital para investimento em projetos que possuem significativo risco. A obtenção do chamado capital próprio por meio do lançamento de ações pela empresa permite que ela tenha em mãos recursos de baixo risco, pois estes só terão de ser remunerados na hipótese de os projetos serem bem-sucedidos. Para lançar ações, a empresa precisa estar constituída sob a forma de uma sociedade anônima. As sociedades anônimas podem ser de capital fechado ou aberto. Somente as de capital aberto podem oferecer ações publicamente nas bolsas de valores, e é dessas empresas que estaremos tratando neste capítulo. Mas o que vem a ser exatamente uma ação?

O que são ações?

De acordo com o *site* da BM&FBovespa, "ações são títulos nominativos negociáveis que representam, para quem as possui, uma fração do capital social de uma empresa".[11] Quando a empresa é formada, ela recebe recursos de seus proprietários, e esses recursos vêm a formar o chamado capital social da empresa. Em troca dos recursos fornecidos, os proprietários recebem ações.

Em um primeiro momento, no mercado primário, a empresa recebe os recursos e os investidores tornam-se proprietários pela aquisição das ações. Esse capital social fica definitivamente com a empresa. Se um dos proprietários desejar vender suas ações, terá de fazê-lo na Bolsa de Valores, pois são ações de uma sociedade anônima de capital aberto. Como vimos no primeiro capítulo, a Bolsa de Valores constitui um mercado secundário.

Direitos dos acionistas

A legislação brasileira garante ao acionista uma série de direitos que representam o âmago do interesse dos investidores pelas ações. A seguir são descritos os principais direitos dos acionistas.

Dividendos e juros sobre capital próprio

Como sócio de uma sociedade anônima, seu principal direito é o recebimento de parte dos lucros gerados pela empresa. Uma empresa aberta é obrigada a distribuir, no mínimo, 25% do seu lucro sob a forma de dividendos ou como juros sobre o capital próprio, conforme preconiza a Lei das Sociedades

---

[11] <www.bmfbovespa.com.br>.

Anônimas (Lei nº 6.404/1976) ou Lei das S.A. Esses juros são uma forma de distribuição antecipada de parte dos dividendos, limitada à taxa de juros de longo prazo (TJLP) definida trimestralmente pelo governo e aplicada sobre as contas do patrimônio da empresa, conforme legislação específica. A vantagem para a empresa é que, por se tratar de juros, o valor pode ser abatido da base de cálculo do imposto de renda a ser pago. Nesse caso, o imposto de renda é descontado na fonte à alíquota de 15%. Já os dividendos são calculados sobre o lucro líquido e, portanto, estão isentos de tributação para o acionista. A decisão sobre o volume de recursos que vai ser distribuído é realizada na assembleia geral de acionistas.

A tabela 5 exemplifica a distribuição de R$ 1,00 ao acionista, sendo R$ 0,50 sob a forma de dividendo e R$ 0,50 sob a forma de juros sobre o capital próprio, e o efeito do imposto de renda para o acionista.

Tabela 5

COMPARAÇÃO ENTRE AS FORMAS DE DISTRIBUIÇÃO DE LUCRO (R$)

Lucro distribuído	Valor bruto	Imposto de renda	Valor líquido
Dividendos	0,50	0,000	0,50
Juros sobre capital próprio	0,50	0,075	0,425
Valor total	1,00	0,075	0,925

Outros direitos dos acionistas

Além dos dividendos e juros sobre capital próprio, os acionistas possuem outros direitos, como veremos a seguir:

❏ *bonificações* – quando a empresa, na incorporação de reservas de lucros ao seu capital social ou na transferência de uma conta do patrimônio líquido para a conta capital, distribui gratuitamente um número de ações proporcional ao número de ações possuídas pelo acionista, dizemos que ela faz uma bonificação. O total das ações bonificadas representa o aumento de capital da empresa. A bonificação não cria riqueza para o acionista, pois o valor incorporado ao capital social já pertencia à empresa;

- *desdobramento* (*split*) – ocorre quando a empresa decide aumentar o número de ações sem correspondente aumento do capital social. Isso é feito para diminuir o valor das ações provocando um aumento da liquidez das mesmas. Se, por exemplo, o valor de uma ação for de R$ 900,00 e for feito um desdobramento de um para mil, o proprietário de uma ação passará a ter mil ações, enquanto o preço cairá de R$ 900,00 para R$ 0,90 por ação. De forma análoga à bonificação, o desdobramento não cria valor para o acionista; apenas altera seu número de ações, mas permite que ele venda menores parcelas do seu patrimônio investido na ação;

- *grupamento* (inverso do *split*, também chamado de *inplit*) – é a representação do capital social da empresa por um número menor de ações, aumentando o valor patrimonial de cada ação. Um investidor que possua 100 ações com o valor unitário de R$ 0,50 passará a possuir apenas uma ação com o valor de R$ 50,00;

- *direito de subscrição* – sempre que a empresa decide fazer um aumento de capital, é feita uma subscrição de ações para captação de recursos no mercado e o acionista possui o direito de adquirir essas novas ações pelo preço de subscrição, em número proporcional para manter a mesma participação percentual no capital da empresa;

- *direito de retirada* – no caso de a assembleia de acionistas decidir alguns assuntos específicos, como a incorporação de outra empresa, o acionista tem o direito de exigir o reembolso de suas ações se discordar da decisão. Esse reembolso geralmente é feito pelo valor da ação registrado na contabilidade, que irá diferir do valor de mercado da ação;

- *direito de voto* – direito que o acionista ordinário tem de votar na assembleia dos acionistas, em que cada ação ordinária sua tem o valor de um voto.

Outra maneira de se obter ganhos com uma ação é por ocasião da venda. Como no caso de qualquer compra de ativo, se você a vender por um preço superior ao que comprou obterá ganho de capital.

Tipos de ações

As ações podem ser ordinárias, representadas pela sigla ON, ou preferenciais, representadas pela sigla PN. O "N" indica que a ação é nominativa. Como não há mais ações ao portador, fala-se somente em ordinárias e preferenciais.

Na verdade, a palavra ordinária refere-se a uma ação que confere ao acionista o direito a voto na assembleia dos acionistas da empresa. O número de votos que o acionista possui é igual ao número de ações que detém. Aquele que possui mais votos na assembleia dos acionistas detém o chamado controle da empresa, isto é, pode indicar os executivos que irão se ocupar da gestão e tem o direito de tomar decisões quanto ao destino da empresa.

Muitas vezes o controle da empresa não é exercido apenas por um acionista, mas por um grupo de acionistas que se unem para votar juntos, dividindo o processo de gestão. Há a possibilidade, também, de que um só acionista venha a controlar a empresa com um percentual relativamente pequeno das ações ordinárias. Para você compreender melhor, imagine, por um instante, uma empresa controlada por um acionista que possui apenas 20% das ações ordinárias. Ele pode ser o controlador desde que os outros

80% das ações estejam tão pulverizados a ponto de tornar praticamente impossível uma união para votar contra ele.

A ação preferencial (PN) é aquela que não dá direito a voto, ou, em alguns casos, o restringe a matérias específicas. Elas são chamadas de preferenciais por assegurarem preferência no recebimento dos resultados da empresa e no reembolso do capital em caso de liquidação da companhia. Muito comumente elas são divididas em classes denominadas A, B, C ou D, letra que se segue à sigla PN. As características de cada classe são estabelecidas pela empresa em seu estatuto social e, portanto, variam de empresa para empresa, não havendo nenhuma definição acordada entre as empresas para cada classe.

Outra opção para o investidor são os ativos com mais de uma classe de valores mobiliários, negociados sob a forma de um conjunto denominado Unit, que é um grupo de ações negociado como uma unidade. Por exemplo, a Unit da empresa Anhanguera é composta de uma ação ON mais seis ações PN.

Além das ações, podemos ainda citar os *exchange traded funds* (ETFs), que representam uma unidade negociada na Bolsa de Valores como se fosse uma ação, mas que reúnem um número variável de ações, sempre representando um índice: índice Bovespa, índice Brasil 50, índice *small cap*. É um fundo de ações do qual você compra cotas em bolsa da mesma forma que compra uma ação.

Empresas em que você pode investir

Para poder comprar ações de uma empresa, é preciso que ela esteja listada na BM&FBovespa. Para estar listada na Bolsa, ela precisa ser uma empresa constituída sob a forma de sociedade anônima e ter seu capital aberto.

Em <www.bmfbovespa.com.br> encontra-se um item denominado "empresas listadas", que enumera todas as ações que você pode adquirir junto à Bolsa por meio da sua corretora. Todas as empresas estão relacionadas em ordem alfabética de razão social, seguida do nome de pregão. Na letra "P", por exemplo, podemos encontrar Petróleo Brasileiro S.A. Petrobras, que é a razão social da empresa que você conhece como Petrobras. Ao lado aparece o nome de pregão que é apenas Petrobras. Na letra "N" podemos encontrar Natura Cosméticos S.A. com seu nome de pregão sendo unicamente Natura. A listagem das ações na BM&FBovespa obedece a certas categorias de governança corporativa, definidas pela Bolsa da mesma forma que pelo Instituto Brasileiro de Governança Corporativa (IBGC):

> Governança corporativa é um sistema pelo qual as sociedades são dirigidas e monitoradas, envolvendo os acionistas e os cotistas, Conselho de Administração, Diretoria, Auditoria Independente e Conselho Fiscal.[12]

O objetivo desse sistema é desenvolver boas práticas de governança corporativa, que costumam gerar maior valor para a empresa pelo maior nível de transparência nas informações a seus acionistas, facilitando o acesso ao seu capital e ajudando na preservação de sua existência ao longo do tempo. A Natura, por exemplo, está listada no nível mais alto de governança corporativa, denominado "novo mercado" (NM).

Governança corporativa

As empresas listadas no "novo mercado" (como dito, o mais alto nível de governança corporativa) são aquelas que se

---

[12] Disponível em: <www.bmfbovespa.com.br/cias-listadas/consultas/governanca-corporativa/governanca-corporativa.aspx?Idioma=pt-br>. Acesso em: 18 jan. 2012.

comprometeram, voluntariamente, com boas práticas de governança corporativa adicionais àquelas exigidas pela legislação. Com essas melhores práticas, é aumentada a segurança dada aos investidores, especialmente os pequenos investidores, com maior transparência na disponibilidade de informações. Isso costuma resultar em maior liquidez e valorização para as ações da empresa.

O número de condições para uma empresa participar do novo mercado é extenso e pode ser obtido no *site* da BM&FBovespa, na internet. Apenas com o objetivo de dar uma ideia ao leitor, citamos o fato de que a empresa só poderá emitir ações ordinárias, uma vez que estas, dando direito de voto aos acionistas, tornam sua administração mais democrática. Outra condição é o chamado *tag along*. Quando ocorre de os acionistas controladores venderem sua participação, abrindo mão do controle da empresa, pode ser que os acionistas não controladores desejem segui-los e vender suas ações. A isto chamamos de *tag along*. A legislação brasileira prevê o *tag along* no art. 254 da Lei das S.A., que determina que a venda do controle acionário da empresa exigirá que o adquirente faça uma oferta pública de aquisição das demais ações ordinárias existentes – nada é exigido para as preferenciais –, pagando, a quem deseje vender, um mínimo de 80% do preço pago pelas ações adquiridas dos detentores do controle.

No novo mercado, há um compromisso que supera a exigência legal. As mesmas condições de venda oferecidas aos acionistas controladores são repassadas aos não controladores que desejem vender suas ações. Essa condição é comumente chamada de *tag along* de 100%. Outra condição interessante para uma empresa fazer parte do novo mercado é a exigência de reuniões públicas com analistas e investidores pelo menos uma vez por ano. O nível de governança corporativa logo abaixo do novo mercado é o chamado "nível 2". A principal diferença entre as ações listadas no novo mercado e no nível 2 é o fato de que nesse último é permitido às empresas manterem ações preferenciais, enquanto as empresas do novo mercado só podem possuir ações ordinárias – aquelas que dão direito a voto. No nível 2, o *tag along* para as ações ordinárias é de 100%, tanto para as ações preferenciais quanto para as ordinárias. Logo abaixo do nível 2, vem o denominado "nível 1".

No nível 2, bem como no novo mercado, há três tipos de regras: as de transparência, as de dispersão acionária e as de equilíbrio de direitos entre acionistas controladores e minoritários. As regras de transparência dispõem sobre volume e qualidade das informações disponíveis para todos os acionistas. As regras de dispersão acionária referem-se a como as ações estão distribuídas, estabelecendo, por exemplo, a manutenção em circulação de uma parcela mínima de ações de 25% do total de ações da empresa. Já as regras de equilíbrio procuram garantir os mesmos direitos possuídos pelos acionistas controladores aos acionistas minoritários. Uma das principais diferenças entre as ações do nível 1 e as do nível 2 é que no primeiro não são exigidas as regras de equilíbrio entre as duas categorias de acionistas. Outra diferença importante refere-se ao *tag along*. O nível 1 é obrigado apenas a oferecer o *tag along* exigido pela Lei das S.A., que é de 80%, e somente para as ações ordinárias. Como mencionado anteriormente, ações preferenciais não possuem *tag along* previsto na legislação.

Abaixo do nível 1, há o que poderíamos chamar de "nível tradicional", composto de empresas que ainda não aderiram a nenhum nível de governança corporativa. Para estas não há regras quanto ao mínimo de ações que devem estar em circulação – o chamado *free float* – e elas podem manter tanto ações ordinárias quanto preferenciais. A apresentação de demonstrações financeiras em padrão internacional é facultativa a essas empresas.

Há outro tipo de listagem, denominado "Bovespa mais". Conforme explicado no site da BM&FBovespa,

> este segmento especial de listagem foi idealizado para tornar o mercado de ações brasileiro acessível a um número maior de empresas, especialmente àquelas que desejam entrar no mercado aos poucos, como empresas de pequeno e médio portes, que enxergam o mercado como uma importante fonte de recursos e que buscam adotar estratégias diferentes de ingresso no mercado de ações: captação de volumes menores, aumento de exposição junto ao mercado para criar valor e realização de distribuições mais concentradas, por exemplo. As empresas listadas no Bovespa Mais tendem a atrair investidores que visualizem nelas um potencial de desenvolvimento mais acentuado, quando comparadas com empresas listadas no mercado principal. As regras de listagem do Bovespa Mais são semelhantes às do Novo Mercado e, da mesma forma, as empresas nele listadas assumem compromissos de elevados padrões de governança corporativa e transparência com o mercado.[13]

Classificação quanto à liquidez

Antes de você entender esta classificação das ações, precisamos conceituar melhor o que vem a ser liquidez. Esta está diretamente relacionada com a possibilidade de uma venda rápida, em conformidade com os preços que vêm sendo praticados no mercado.

As ações de maior liquidez no mercado acionário são denominadas *blue chips*, também chamadas de "primeira linha".

---

[13] Disponível em: <www.bmfbovespa.com.br/empresas/pages/empresas_bovespa-mais.asp>. Acesso em: 24 nov. 2011.

Podem ser vendidas pelo preço de mercado quase instantaneamente. Costumam pertencer a empresas tradicionais, de grande porte, operando em todo o país e com excelente reputação na praça.

Na sequência, temos ações de empresas de grande ou médio porte, também com boa reputação, mas que são um pouco menos procuradas pelos investidores e, portanto, menos líquidas, significando que você talvez tenha de baixar ligeiramente o preço em relação ao do mercado para vendê-las rapidamente. São ações das chamadas empresas de segunda linha.

Por último, há a classificação de ações de empresas de terceira linha. São ações que possuem pequena liquidez, geralmente pertencendo a empresas de médio ou pequeno porte. De forma alguma essas classificações implicam referência de qualidade, visto que excelentes empresas fazem parte tanto da segunda quanto da terceira linha. As ações de terceira linha podem ter descontinuidade de negociação, isto é, por alguns dias pode não haver negócios. A questão da liquidez está unicamente associada às quantidades ofertadas e demandadas pelos investidores.

Tipos de análise

As duas grandes vertentes de análise são chamadas fundamentalista e técnica, conforme Cavalcante (2009).

Na análise fundamentalista, o analista foca o estudo nos fundamentos que sustentam o valor, ou seja, na situação da empresa que emite a ação. Esta parece ser uma análise com maior solidez. O analista procura estudar a situação de mercado da empresa, seus concorrentes, sua situação financeira atual, o perfil dos executivos responsáveis pela gestão da empresa e a situação econômica dela.

Tudo isso é feito com a observação do passado recente, das informações atuais e das expectativas comungadas pelo mercado sobre a empresa. Esse tipo de análise exige profundo conhecimento da empresa e, não raro, há analistas que dedicam suas vidas ao estudo de uma ou duas empresas apenas. São verdadeiros especialistas na vida da empresa, que conhecem sua história e procuram compreender seus sucessos e fracassos. Eles partem de uma análise do ambiente em que a empresa se encontra e da capacidade que ela tem de apresentar um bom desempenho nesse ambiente econômico, social e político. A análise, que começa de forma qualitativa, vai, pouco a pouco, procurando transformar suas conclusões em valores quantitativos relacionados ao futuro da empresa, como projeções de lucro, distribuição de dividendos e estratégias mercadológicas a serem seguidas.

Pelo fato de a concorrência existente entre empresas ser parte fundamental da análise, os analistas fundamentalistas raramente se dedicam a mais de um setor da economia. Os melhores procuram uma constante especialização, que inclui visitas sistemáticas às instalações da empresa e conversas com seus executivos. As projeções feitas tornam-se, então, dados de entrada para os modelos, tais como o chamado modelo de desconto de dividendos (Williams, 1997) e sua vertente simplificada denominada "modelo de Gordon" (Gordon, 1959). Esses analistas devem ter uma formação sólida tanto em gestão corporativa quanto em contabilidade, marketing e modelagem de empresas. De todas, é sem dúvida a análise que demanda mais tempo de dedicação e estudos para a obtenção de bons resultados. Uma análise fundamentalista malfeita pode levar a conclusões desastrosas.

Como exemplo interessante, há o caso da Petrobras durante a crise do gasoduto com a Bolívia. Ao verem as ameaças de corte de fornecimento de gás para a Petrobras pelos bolivianos, alguns leigos em análise fundamentalista previram uma queda no preço das ações. Uma consulta a análises feitas por especialistas e amplamente divulgadas na internet mostrou que a participação do gás boliviano no faturamento da Petrobras era muito pequena. Estando o preço do petróleo em alta na mesma ocasião, os melhores analistas previram que o preço das ações subiria, apesar da crise do gás boliviano – e acertaram. Exortamos o leitor a se dedicar de corpo e alma a essa especialização ou, de outra forma, a procurar conhecer as previsões feitas por especialistas de diversos bancos comerciais, bancos de investimento, de corretoras e de distribuidoras de valores mobiliários.

A análise técnica, diferentemente da análise fundamentalista, acredita que os preços futuros das ações não dependem tanto dos fundamentos das empresas. Baseia-se primordialmente na utilização de gráficos das cotações com indicações dos volumes negociados. Quando essa análise envolve quase unicamente gráficos, ela costuma ser chamada de "análise gráfica". O conhecimento e a formação necessários para o domínio da análise técnica e de seus gráficos são muito menores do que o exigido para o domínio da análise fundamentalista.

A principal informação da análise técnica é a sequência passada de preços. Sua base é a crença de que o conhecimento do histórico dos preços permite determinar o comportamento futuro deles. Portanto, o analista gráfico entende que há padrões de figuras nos gráficos que se repetem e permitem tirar conclusões quanto ao comportamento dos preços. A figura 4, por exemplo, representa uma tendência de reversão: a tendência de alta se reverte para uma tendência de baixa. Esse caso é conhecido como OCO (ombro/cabeça/ombro) de alta. A mesma figura, invertida em relação à linha de pescoço, representa um OCO de baixa.

Figura 4
REPRESENTAÇÃO DO PADRÃO OCO (OMBRO/CABEÇA/OMBRO)

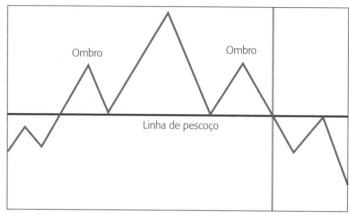

Fonte: <www.nelogica.com.br>.

Um caso real pode ser visto na figura 5, pelo comportamento do Ibovespa.

Figura 5
REPRESENTAÇÃO DE UM CASO REAL DO PADRÃO OCO

Fonte: <www.nelogica.com.br>.

A figura 6 é a de um fundo duplo, conhecida como "formação em W", que também representa uma reversão de tendência de baixa.

Figura 6
REPRESENTAÇÃO DE UM FUNDO DUPLO INDICANDO REVERSÃO DE TENDÊNCIA DE BAIXA

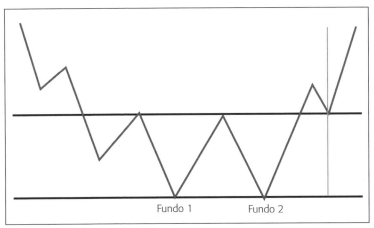

Fonte: <www.nelogica.com.br>.

De forma análoga, a figura 6 pode ser rebatida contra o fundo duplo, tornando-se o topo duplo ou formação em M. Nesse caso, a figura apontará a reversão de uma tendência de alta.

Negociando com ações

Os investidores não podem comprar ações diretamente nas bolsas. A CVM exige que haja um intermediário, que ajuda a organizar todo o processo de aquisição e venda de ações, mantendo-o dentro de certos regulamentos. Corretoras de valores são instituições autorizadas a funcionar tanto pelo Banco Central do Brasil quanto pela CVM. Portanto, o primeiro passo para comprar ações é tornar-se cliente de uma corretora de valores mobiliários.

Uma comissão sobre a compra e venda de ações é cobrada pelas corretoras e permite que elas possam, com esses recursos, manter bons profissionais em seus quadros e prestar um serviço adequado.

A pergunta que naturalmente surge é: que corretora você deve escolher para operar em seu nome? A escolha deve ser pautada, principalmente, pelos serviços prestados pela corretora, notadamente pelas informações disponibilizadas sobre as empresas negociadas em bolsa e, em segundo lugar, pelo custo cobrado para operar. A corretora serve para liquidar financeiramente as operações de compra e venda solicitadas pelos clientes. Suas ações ficarão custodiadas na CBLC e, caso você deseje operar com outra corretora, bastará solicitar à corretora atual a transferência da custódia das ações. No site da BMF&Bovespa, você encontrará, no item "participantes", um subitem denominado "corretoras de valores". Nele, você tem sugestões de como escolher a corretora que mais se ajusta ao seu perfil.

A seguir você aprenderá como realizar suas compras e vendas.

Home broker

Home broker é um sistema desenvolvido pela BM&FBovespa que permite ao cliente dar ordens de compra e venda pela internet, via site da sua corretora, sem necessidade de fazer contato direto com o corretor, telefonar ou enviar fax. As corretoras têm realizado personalizações no sistema de *home broker* como uma forma de atrair clientes com as informações adicionais disponibilizadas.

Não são todas as corretoras que dispõem desse sistema. Assim, para poder utilizá-lo você precisa ser cliente de uma corretora que o utilize. O site da BM&FBovespa na internet lista todas as corretoras que possuem *home broker*. O sistema de *home broker* da corretora está diretamente ligado ao sistema de negociação da BM&FBovespa, de modo que, embora continue utilizando a corretora para dar sua ordem, a sensação que você terá é de que está operando diretamente, pois a intermediação da corretora vai parecer transparente, do seu ponto de vista.

As grandes vantagens do sistema de *home broker* são praticidade e rapidez na compra e venda de ações. Algumas outras características do sistema são as seguintes:

❑ através dele o cliente recebe as confirmações das ordens executadas;
❑ permite o acompanhamento da carteira que o cliente mantém junto à corretora, com o cálculo do seu valor em relação às novas cotações das ações;
❑ permite acesso às cotações das ações;
❑ as ordens também podem ser programadas para execução em datas futuras, a determinados preços preestabelecidos.

O sistema de *home broker* não impede a diferenciação entre as corretoras, se você considerar os diferentes serviços prestados. Um dos mais comuns é o oferecimento de relatórios diários com as análises feitas por seus profissionais contendo sugestões de compra e venda de papéis.

A escolha da corretora que melhor atenderá a um cliente dependerá muito do custo das operações, bem como dos tipos de serviços adicionais e da qualidade do atendimento prestado.

Você hoje pode acompanhar o mercado acionário pelo seu celular. Veja a seguir.

Acesso móvel

Há uma preocupação crescente das bolsas de valores não só em se manterem atualizadas em relação às novas tecnologias, como também em facilitarem o acesso às informações para tomada de decisão. Dessa forma, você pode conseguir, por meio de seu celular, se manter informado sobre as cotações da Bolsa. Para tanto basta você acessar o *site* <www.bmfbovespa.com.br/movel> através do navegador de seu celular.

Vejamos agora os tipos de ordens que podem ser dadas por você na compra e venda de ações.

Tipos de ordens

As ordens de compra e venda que são dadas às corretoras podem ser condicionadas a determinados fatores, como um preço máximo de compra ou mínimo de venda.

Quando um investidor quer ter certeza de que a ação vai ser comprada ou vendida no pregão, ele deve dar a chamada "ordem a mercado". Na ordem a mercado, a corretora irá comprar ou vender a ação solicitada ao preço que estiver sendo negociado no mercado. A grande vantagem da ordem a mercado é a segurança de que a operação será concretizada, uma vez que não há restrição de preço.

Nada, no entanto, impede que você dê ordem para uma ação ser comprada a determinado preço. Esse preço funcionará para a corretora como um preço máximo pelo qual sua ação deve ser comprada. Se, por acaso, as condições de cotação do mercado não permitirem que sua vontade seja atendida, sua ordem não será executada.

Analogamente, se a ordem for de venda a um preço especificado, a corretora procurará vender ao preço mínimo estipulado ou a um preço maior, desde que as condições de mercado o permitam. Caso contrário, a sua ordem não será executada.

Porém, há dois tipos de ordens muito interessantes que podem ser dadas, inclusive utilizando o sistema de *home broker* da maioria das corretoras: ordem de *stop* e ordem de *start*.

Na ordem de *stop* a corretora venderá a sua ação a preço de mercado a partir do momento em que o preço da ação cair abaixo de determinado patamar de preço estabelecido por você. De forma semelhante, na ordem de *start* a corretora comprará a ação solicitada a preço de mercado, a partir do momento em que o preço da ação subir acima de um patamar de preço que você estabeleceu. Para compreendermos melhor a utilidade dessas ordens, precisamos falar de estratégias, que serão abordadas mais adiante.

Índices BM&FBovespa

Hoje em dia, a BM&FBovespa oferece inúmeros índices para orientação dos investidores. O principal deles é o internacionalmente conhecido Ibovespa – índice Bovespa.

O Ibovespa procura ser um indicador médio do desempenho das ações no mercado brasileiro, espelhando o comportamento das principais ações negociadas na BM&FBovespa, de forma que seu objetivo é servir como um parâmetro do comportamento das ações mais negociadas. O índice mantém sua integridade metodológica desde 1968, que foi o ano de sua introdução. Mas o que é o índice?

De acordo com o site da BM&FBovespa, "o Ibovespa representa uma carteira teórica das ações com maior índice de negociabilidade em bolsa". O número de ações que compõem o índice pode variar e é ajustado a cada quatro meses para adequar a carteira à realidade do mercado. No momento, são 66 ações, segundo o site citado, e elas representam mais de 80% dos negócios e do volume financeiro realizados. O índice Bovespa é calculado em tempo real, considerando a quantidade teórica de ações de cada empresa multiplicada pelas respectivas cotações a cada instante. Quando se diz que o índice está em 68 mil pontos, significa que aquela carteira de ações, com aquelas quantidades teóricas, vale, naquele determinado momento, R$ 68 mil. A metodologia de cálculo do índice Bovespa é relativamente simples e todos os dados ficam à disposição dos investidores. Isso gera confiabilidade e segurança por parte do mercado. O índice é divulgado amplamente, para todo o mundo, por meio da rede de difusão da BM&FBovespa.

Outro índice importante é o chamado de IBrX-50, índice Brasil 50, cuja carteira teórica é composta pelas 50 ações com maior índice de negociabilidade e que tenham sido negociadas em pelo menos 80% dos pregões ocorridos nos 12 meses anteriores à formação da carteira. O IBrX, índice Brasil, por sua vez, é um índice que possui em sua carteira as 100 ações mais negociadas em termos de liquidez.

Há índices voltados para o desempenho de setores específicos, como o índice setorial de telecomunicações (Itel) ou o índice de energia elétrica (IEE). Outros ainda, como o SMLL, referem-se a grupos particulares de ações. No caso, o SMLL é denominado índice *small cap* e mede o retorno de uma carteira de menor capitalização, sempre considerando prioritariamente as que possuem maior liquidez. Há até um índice voltado para uma carteira teórica composta de ações com condições melhores para os acionistas minoritários em casos de venda do controle acionário da empresa: é o índice de ações com *tag along* diferenciado (Itag).

Vamos agora conhecer as estratégias que podem ser realizadas na Bolsa de Valores.

Estratégias

Estratégia tem a ver com o que fazer em determinada situação. Tática refere-se a como fazer o que a estratégia pede. Para se ganhar dinheiro de forma consistente na Bolsa é preciso que se estabeleça uma estratégia. Há várias delas que podem ser aprendidas em livros especializados: mencionaremos as mais conhecidas.

A "estratégia de *buy and hold*", cuja tradução é comprar e manter, tem como lógica o fato de que a Bolsa lista as ações das principais empresas brasileiras e, portanto, é de se esperar que, à medida que o país se desenvolve, essas empresas se desenvolvam também e, consequentemente, aumentem o valor de suas ações e a distribuição de dividendos e juros sobre o capital próprio. Essa é uma estratégia que mira o longo prazo. O aconselhável para uma estratégia como essa é a colocação na Bolsa somente de recursos que não serão necessários no curto e no médio prazos. É uma estratégia interessante se você está planejando a sua aposentadoria e não deseja perder muito tempo acompanhando o mercado. A sugestão é esperar para fazer essas compras nos momentos em que os preços das ações estiverem em baixa, por exemplo, durante as crises econômicas que afetam as economias, doméstica e mundial, de tempos em tempos. Segundo Alpesh B. Patel, jornalista do *Financial Times* (Patel, 1997), os cinco primeiros meses de uma crise representam os melhores momentos para a compra de papéis de forma a produzirem os maiores ganhos.

Outra estratégia que desponta para os investidores que miram o longo prazo é a chamada "estratégia do preço médio". Nesse caso o investidor separa determinada quantia mensal para investir em ações e faz esses investimentos independentemente do fato de a Bolsa estar em alta ou em baixa. No longo prazo, o investidor terá feito, aproximadamente, o mesmo número de compras com preços baixos quanto com preços mais altos, obtendo um preço médio razoável.

Aqueles que estão começando devem investir cientes de que, qualquer que seja a estratégia, ela objetive ganhos somente no longo prazo. No curto prazo, podemos dizer que o jogo da Bolsa funciona muito próximo do chamado jogo de soma zero, isto é, para uns ganharem outros terão de perder. No longo prazo, porém, todos podem ganhar, ainda que uns mais do que outros, pois a economia cresce aumentando a riqueza a ser distribuída para todos.

Para aqueles que desejam maximizar seus ganhos com ações, uma das estratégias mais importantes chama-se *stop loss*. Quando determinado investidor compra uma ação, só três coisas podem acontecer no dia seguinte: a ação sobe, desce ou permanece no mesmo preço. No caso de o preço subir ou permanecer no mesmo valor, o investidor não terá motivos de preocupação. A preocupação existe quando o preço cai. Por outro lado, há, em todas as cotações de ações, um grau de oscilação natural, característica das pressões de oferta e demanda que afetam o papel. Apenas para efeito de raciocínio, suponha que você observou uma ação que costuma ter uma oscilação de preço da ordem de 5% todos os dias. Portanto, uma queda de preço de 5% deverá ser encarada com naturalidade. Uma queda de 10% já deverá deixá-lo apreensivo. E, sem dúvida, uma queda de 15% será altamente preocupante. Assim, a estratégia de *stop loss* trabalha com o tipo de ordem que vimos anteriormente, denominada ordem de *stop*, ou seja, no mesmo momento em que o investidor faz a compra de uma ação por um determinado preço, dá uma ordem de *stop* para que a ação seja vendida se atingir determinado patamar de queda. No exemplo anterior, em que a ação foi comprada por R$ 100,00, no mesmo momento da compra o investidor pode dar uma ordem de *stop* para que seja vendida se o preço cair 5%, isto é, para R$ 95,00. A ideia que fundamenta esta estratégia é de que se o investidor, sistematicamente, limitar as perdas e aproveitar os ganhos, no longo prazo estará em um jogo em que as probabilidades de ganho serão superiores às probabilidades de perda. Quanto mais experiente é um investidor, mais ele trabalha com ordens de *stop*. Lembre-se de que a ordem de *stop* deve ser dada simultaneamente à ordem de compra da ação. No caso de o preço da ação estar em ascensão, periodicamente o investidor deverá cancelar a ordem de *stop* anteriormente dada e criar uma nova ordem de *stop* em um patamar mais elevado, para consolidar eventuais ganhos que já tenha obtido.

Quando o investidor deve dar uma ordem de *start*? Você já deve ter ouvido falar que o investidor deve comprar na baixa e vender na alta. Esse dito popular não é errado, mas carece de um complemento. O investidor deve comprar na baixa quando a tendência for de alta, e vender na alta quando a tendência for de baixa.

Quando a Bolsa está em baixa, o investidor vai estabelecer um preço a partir do qual entende que estará se configurando uma elevação que caracterize uma tendência de alta. Portanto, ele deixa pronta uma ordem de *start*, para que a ação seja comprada quando o preço subir alcançando um determinado patamar mínimo que pareça ser o início de uma tendência de alta.

Como menciona Cavalcante (2009:209): "Se há algo de consistente no comportamento dos investidores de sucesso é o fato de que eles operam segundo um planejamento".

Análise de ações

Anteriormente, mencionamos que os analistas costumam utilizar modelos. Modelos são simplificações úteis da realidade. O modelo de descontos de dividendos pode ter uma matemática um tanto pesada, mas uma variante simplificada do mesmo é bastante conhecida: o modelo de Gordon (Gordon, 1959). Nele, o analista considera que apenas três variáveis determinarão o preço justo de uma ação: o primeiro dividendo esperado a ser pago pela empresa, a taxa de remuneração esperada pelo analista (custo de capital próprio) e a taxa de crescimento, suposta constante, dos dividendos posteriores ao primeiro esperado.

Consideremos o seguinte exemplo: o analista espera que a ação em foco venha a pagar um próximo dividendo anual de R$ 2,00 por ação. Ele deseja uma rentabilidade de 25% a.a. para ter essa ação na sua carteira e acredita que os dividendos crescerão a um ritmo de 5% a.a. Dentro dessas premissas, ele deverá calcular utilizando a seguinte fórmula:

$$P_{justo} = \frac{D_1}{k_s - g} = \frac{R\$\,2,00}{0,25 - 0,05} = R\$\,10,00$$

Dessa forma, o analista conclui que, dentro de suas premissas, o valor justo para a ação é de R$ 10,00. Se a ação estiver cotada no mercado por um preço inferior, ele irá comprá-la e aguardar que o preço atinja o preço justo. Se ela estiver cotada a mais do que R$ 10,00, ele não irá comprá-la e ainda a venderá se tiver alguma em carteira, pois o mercado estará pagando mais do que ele acredita que vale.

Você vai conhecer agora a relação entre o preço justo e os preços negociados em Bolsa.

Por que as cotações oscilam?

Na verdade, você precisa responder antes outra pergunta: "como os investidores avaliam o que seria o preço justo de uma ação?" O preço justo de uma ação é calculado trazendo para valor presente a projeção futura dos dividendos que se espera receber da ação. Para você, é difícil fazer essa avaliação. Por outro lado, as corretoras possuem um corpo de analistas que visitam as empresas e conversam com o diretor responsável pela relação com o mercado. Depois, preparam relatórios para serem distribuídos aos seus clientes. É recomendável, portanto, que, antes de comprar uma ação, você leia o relatório da referida empresa para conhecer seu mercado, seus pontos fortes e fracos, as oportunidades e ameaças que a envolvem e como ela administra seu crescimento. Você pode também, dependendo da corretora, conversar com o próprio analista que preparou o relatório e que, portanto, conhece profundamente o setor em que a empresa atua e suas perspectivas de resultado.

Logo após o lançamento dos computadores pessoais, na década de 1980, muitas empresas fabricantes de máquinas de escrever ainda estavam tendo excelentes lucros, mas o problema era que elas não tinham futuro. Assim, você percebe que não basta analisar o resultado atual da empresa; é preciso considerar os prováveis resultados futuros. Sempre que são considerados resultados futuros melhores, há a expectativa de maior distribuição de dividendos e, por conseguinte, uma melhora no preço da ação.

Em essência, a única geração de riqueza que uma ação oferece é o pagamento da distribuição de lucros. Quando os investidores projetam uma maior distribuição de dividendos no futuro, a cotação da ação sobe. Quando o inverso ocorre, ela cai. Mas, além disso, há fatores emocionais. Diante da queda do preço de uma ação, muitos investidores se assustam e decidem vender rapidamente, provocando, por excesso de oferta, quedas adicionais nas cotações. Outros veem no preço mais baixo uma oportunidade e decidem comprar. Esses fatores emocionais fazem com que o mercado possua uma forte volatilidade, isto é, oscilação das cotações.

Tributação

Os ganhos com as ações podem ser de dois tipos: dividendos e ganhos de capital. Os dividendos não são tributados, pois representam o lucro que está sendo distribuído e que já foi tributado na empresa. Os ganhos de capital com ações são tributados em 15%, mas há uma exceção.

Se o total da venda feita no mês por você, pessoa física, for inferior a R$ 20 mil – independentemente do ganho que tenha auferido nesta venda –, estará isento do imposto de renda. Por outro lado, se o valor das ações vendidas for igual ou superior a esse valor, todo o ganho de capital obtido será tributado pela alíquota anteriormente mencionada de 15%. É uma forma de estimular o pequeno investidor a operar na Bolsa.

Imagine que você, durante o mês de janeiro de 2011, vendeu por R$ 18 mil uma posição de ações que foram anteriormente adquiridas por R$ 14 mil, já considerados todos os custos. Você, nesse caso, teve um ganho de capital de R$ 4 mil, mas, como o total de suas vendas no mês foi inferior a R$ 20 mil, não teve de pagar qualquer imposto de renda.

Suponha, agora, que a sua venda total foi no valor de R$ 22 mil. Seu ganho de capital foi, então, de R$ 8 mil. Como o total da sua venda no mês foi superior a R$ 20 mil, você teve de pagar imposto de renda sobre todo o ganho de capital, ou seja, sobre R$ 8 mil, submetido a uma alíquota de 15%. Isso significa que você teve de recolher à Receita Federal R$ 1.200,00.

Esse recolhimento não é feito através de retenção na fonte. Você tem até o último dia útil do mês subsequente para pagar o imposto devido. No exemplo, até o último dia útil do mês de fevereiro. Para tanto, basta emitir um documento de arrecadação da receita federal (Darf) e preenchê-lo utilizando o código 6015 com o imposto devido.

E se, ao invés de um ganho de capital, você obteve um prejuízo na venda? Nesse caso, a Receita Federal permite que você abata esse prejuízo de outros ganhos obtidos no mês, ou em meses subsequentes.

Você notará que em todas as vendas será calculado o chamado imposto rastreador, que possui alíquota de 0,005% e que poderá ser abatido do imposto devido. No exemplo acima, o valor do imposto rastreador seria de R$ 0,90 no primeiro caso e de R$ 1,10 no segundo. Observe que o imposto rastreador é uma maneira eficaz de a Receita Federal saber se você está isento ou não. Como 0,005% de R$ 20 mil é igual a R$ 1,00, se seu imposto rastreador acumulado no mês for inferior a este valor, não haverá recolhimento na fonte e, portanto, você está isento de tributação, não importando o ganho de capital que tenha obtido.

Risco e retorno esperado nas operações com ações

Como vimos neste capítulo, a compra de uma ação deve ser precedida por uma análise fundamentalista ou técnica. No entanto, seja qual for a análise utilizada, ao aplicar seus recursos em renda variável você corre o risco de ver sua ação se desvalorizar ao longo do tempo.

O risco de uma ação está associado à sua volatilidade. Uma ação que oscila mais do que as outras, ou seja, uma ação mais volátil, é mais arriscada. Volatilidade (desvio-padrão) é uma medida estatística que representa a dispersão média dos valores de uma amostra em torno de sua média.

Desvio-padrão:
$$\sigma_{Retornos} = \sqrt{variância}$$

Variância:
$$\sigma^2_{Retornos} = \sum \frac{(retorno - média)^2}{n}$$

Para calcular a volatilidade de uma ação, você deve tabelar suas oscilações históricas e depois calcular o desvio-padrão. A tabela 6 ilustra o desempenho mensal do índice Bovespa e de algumas das ações mais negociadas.

Tabela 6
RETORNO HISTÓRICO (%)
(PERÍODO: MAIO 2009-ABR. 2010)

Mês	Ibovespa	Petrobras	Vale	Souza Cruz	Cyrela
1	12,5	16,6	6,7	9,8	12,5
2	−3,3	−5,8	−8,2	8,4	−1,6
3	6,4	−2,1	8,5	13,8	29,6
4	3,1	−0,3	1,5	−5,8	23,1
5	8,9	11,5	11,3	3,9	−2,7
6	0,0	0,1	7,8	0,0	−2,4
7	8,9	10,7	7,4	−2,7	9,8
8	2,3	−5,4	−0,4	−4,5	−0,8
9	−4,6	−6,9	−0,1	4,8	−11,7
10	1,7	1,3	5,5	2,2	4,2
11	5,8	2,3	11,5	3,5	−6,6
12	−4,0	−6,6	−5,3	8,1	−0,3
Retorno	42,8	13,0	54,0	47,5	56,5
Volatilidade	5,3	7,5	6,1	5,7	11,7

Fonte:<www.bovespa.com.br>.

A figura 7 compara a relação risco (volatilidade) com o retorno apresentado na tabela 6.

Veja que a ação da Cyrela foi a de maior rentabilidade, mas também a que apresentou a maior volatilidade; portanto, foi a ação mais arriscada. Observe ainda que a rentabilidade da Petrobras não compensou o risco do investimento: as ações da Souza Cruz e da Vale renderam mais do que as ações da Petrobras e ainda assim apresentaram uma menor volatilidade; portanto, menor risco.

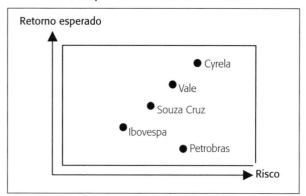

Figura 7
RELAÇÃO ENTRE RISCO E RETORNO

Vejamos a seguir os principais motivos que levam os investidores a optar por aplicar recursos em ações.

Motivos para você investir em ações

Se você, leitor, deseja ter a possibilidade de um rendimento maior no longo prazo, é recomendável que coloque parte dos seus recursos em ações. A rentabilidade obtida com uma carteira de ações ao longo do tempo é praticamente impossível de ser obtida com aplicações em renda fixa. Comprar ações é participar como beneficiário dessas verdadeiras máquinas de criação de riqueza que são as empresas. Uma ação não tem vencimento e é nominal. Assim, ela pode passar de pai para filho e de uma geração para a outra com grande sucesso, bastando para isso que as empresas apresentem crescimento sustentável ao longo dos anos e distribuam lucros aos seus acionistas.

Pense por um momento. Quem são os maiores investidores em ações? São, em geral, pessoas com visão de longo prazo, empreendedoras e que saem da *normose*, ou seja, aceitam alternativas diferentes, desde que entendam o risco a que estão expostas. O grau de escolaridade, sem dúvida, influencia, uma vez que lhes permite compreender melhor os mercados e suas regras. Será que esses investidores ficam ricos porque investem em empresas que geram riquezas, ou investem nessas empresas apenas porque são ricos? Você deve tirar sua conclusão quanto à melhor resposta para essa pergunta.

Neste capítulo foi discutido um dos temas mais importantes entre os valores mobiliários disponíveis para os investidores no mercado de capitais: as ações. O ativo foi definido, com explicação dos tipos em que se subdivide, e foi apresentada a extensa lista de direitos dos investidores. Aspectos das empresas que estão disponíveis para investimento na Bolsa de Valores e a questão da governança corporativa das mesmas também foram tópicos abordados. Foi feita uma classificação quanto à liquidez dos diferentes tipos de ações e desenvolvida uma discussão das vantagens e desvantagens das principais análises feitas sobre esses ativos. Foram discutidos aspectos específicos dos processos de negociação das ações na Bolsa de Valores e do sistema de tributação a que os papéis estão submetidos. Apresentamos os principais índices da Bolsa de Valores de São Paulo e as estratégias mais comuns utilizadas pelo investidor para ganhar dinheiro com esse tipo de ativo, com uma avaliação das motivações que podem levá-lo a investir em ações. Por último, foi feita a análise do retorno esperado *versus* o risco inerente a esse mercado.

No próximo capítulo, iremos conhecer o mercado de derivativos, cujos preços de negociação são derivados do preço praticado nas bolsas de valores ou no dia a dia do mercado.

4

Derivativos

Ao longo deste capítulo, você terá a oportunidade de compreender os principais contratos derivativos negociados no mercado nacional por bancos, empresas, fundos de investimentos e pessoas físicas. Também irá entender as características, vantagens e desvantagens de cada um desses contratos, bem como a forma de utilizá-los como instrumento de alavancagem ou *hedge*.

Talvez você ainda não se tenha dado conta, mas já deve ter realizado algumas operações que se assemelham a contratos derivativos. Vejamos:

- ❏ Você já comprou ou vendeu um apartamento com preço fixado e com data de pagamento e entrega das chaves combinados para uma data futura?
- ❏ Você já pagou um prêmio para contratar o seguro de um carro?
- ❏ Você já fez uma aposta com um amigo, acreditando que era melhor comprar dólar do que aplicar o dinheiro em um fundo de renda fixa?

A compra de um apartamento com data para pagamento e entrega das chaves fixadas para uma data futura se parece com uma operação a termo. A realização de um seguro de um automóvel, com pagamento antecipado do prêmio e direito a receber um carro novo no caso de um sinistro, é equivalente a uma operação com opções. E quando dois amigos fazem uma aposta, um acreditando que o dólar vai subir mais que o fundo de renda fixa, enquanto o outro pensa exatamente o contrário, e combinam um prazo, um valor de referência e a liquidação financeira no vencimento, eles estão, na verdade, fazendo uma operação que se assemelha a um *swap*.

Definição, participantes e ambiente de negociação

Derivativos são contratos cujos preços estão relacionados com outros ativos, como ações, moedas, produtos agrícolas ou índices. Eles surgiram diante da necessidade de negociação antecipada das mercadorias produzidas, reduzindo a incerteza quanto à variação no preço do produto quando da colheita. Ao negociar antecipadamente a quantidade, o preço e a data da entrega, os produtores garantem o escoamento da produção e os compradores garantem o fornecimento e a reposição do estoque. Mas há ainda os que simplesmente apostam se o preço do produto vai subir ou cair no futuro.

Dependendo do objetivo e da forma de atuação, os participantes que negociam os derivativos podem ser classificados como *hedgers*, especuladores, arbitradores ou manipuladores, que definiremos a seguir:

❏ *hedger* – é o participante que atua no mercado para se proteger contra a incerteza em relação ao preço futuro de um ativo – mercadoria, moeda ou índice. É o caso, por exemplo, de um importador que compra dólar futuro para se proteger do risco de alta da moeda estrangeira;

❑ *especulador* – é o participante que simplesmente aposta numa tendência futura para o preço do ativo. Os derivativos permitem aos especuladores alavancar suas posições, uma vez que não se imobiliza o valor total, mas apenas uma parcela do valor da aposta. Além disso, os derivativos permitem montar posições vendidas mesmo sem ter o ativo. Ao contrário do que muita gente pensa, os especuladores são essenciais para o bom funcionamento do mercado. Ao realizarem suas apostas na alta ou queda de uma mercadoria, ação, índice ou moeda, os especuladores aparecem como contraparte dos *hedgers* e fornecem liquidez ao mercado;

❑ *arbitrador* – é o participante que opera simultaneamente em dois mercados buscando tirar proveito da distorção no preço do ativo, auferindo um ganho certo e livre de risco. Um bom exemplo é a relação que existe entre o preço das ações negociadas na Bovespa e o preço do *american depositary receipt* (ADR) negociado em Nova York. Se a diferença entre os preços for maior que o custo de transação, um arbitrador poderia comprar (vender) a ação e, simultaneamente, vender (comprar) o ADR, realizando simultaneamente também uma operação de venda (compra) de dólares. Quando há distorções entre esses preços, os arbitradores atuam no mercado com o objetivo de lucrar quando a diferença justa entre os preços for restabelecida;

❑ *manipulador* – é o participante que busca alterar artificialmente o preço de um ativo, com o objetivo de auferir lucro. Essa conduta é prejudicial ao bom funcionamento do mercado de capitais, razão pela qual as bolsas e a CVM possuem regras para evitar e punir os manipuladores.

Iremos conhecer, a seguir, os ambientes, ou seja, os locais apropriados para as negociações do mercado de derivativos.

Ambiente de negociação

As operações com derivativos no Brasil podem ocorrer em vários ambientes:

- ❑ Bolsa de Valores de São Paulo (Bovespa);
- ❑ Bolsa de Mercadorias e Futuros (BM&F);
- ❑ mercado de balcão organizado (Cetip);
- ❑ mercado de balcão.

As bolsas de valores e as bolsas de mercadorias funcionam como centros de negociação, com regras claras de funcionamento.

Na Bovespa, são negociadas ações e alguns derivativos, como termo de ações e opções de compra e venda sobre ações. Já na BM&F, são negociados produtos agrícolas e ativos financeiros como ouro disponível, dólar futuro, futuro de taxa de juros e índice Bovespa futuro.

No Brasil, as duas bolsas se integraram em 2008, formando a BM&FBovespa, que é uma empresa de capital aberto.

Entretanto, alguns produtos não são negociados no recinto das bolsas, mas sim em mercado de balcão organizado. No Brasil, a Cetip, além de ser um espaço de custódia e liquidação dos títulos privados, oferece uma plataforma de negociação para todos que nela têm conta. É muito utilizada pelas pessoas jurídicas, principalmente para fazer *hedge* das suas posições.

As negociações podem também ser feitas diretamente por telefone entre as partes. Esse ambiente de negociação por telefone é chamado de mercado de balcão.

Vamos, a seguir, estudar o funcionamento dos principais contratos derivativos: termo, futuro, *swaps* e opções.

Contratos a termo

Um contrato a termo é um acordo de compra e venda a prazo em que o produto, a quantidade, o preço e a data de entrega são previamente estabelecidos.

Imagine o caso de um agricultor que planta soja, por exemplo. Ele corre o risco de queda no valor do produto quando for efetuar a colheita e vendê-lo no futuro. Talvez consiga vender sua colheita por um preço melhor que o esperado. Porém, ele pode querer abrir mão desse ganho extra em troca de não correr o risco de vender a colheita por um preço inferior ao que lhe cobriria os custos de produção e lhe traria uma boa rentabilidade. Para se proteger contra a queda no preço da mercadoria ele pode vender a soja antecipadamente, ou seja, vender a soja a termo, definindo com o comprador o volume, a qualidade, o preço, o local e a data da entrega da mercadoria.

Veja as principais características dos contratos a termo:

- ❑ contratos feitos sob encomenda e negociados em balcão – as condições do contrato são negociadas diretamente entre as partes interessadas no negócio;
- ❑ risco de liquidez – como os contratos a termo são negociados em balcão organizado ou balcão e não são padronizados, você só conseguirá reverter a posição se combinar com a outra parte a liquidação antecipada do contrato. Na Bolsa de Valores, podem ser realizadas operações a termo, nas quais o comprador pode antecipar o pagamento e a consequente liquidação da operação, mas sem qualquer desconto no preço pactuado;
- ❑ não há transparência na formação dos preços – o preço é negociado diretamente entre as partes e não há garantias de que você está fazendo o negócio pelo melhor preço;
- ❑ risco de crédito – nas operações negociadas em balcão, há o risco de que uma das partes não honre o compromisso no

vencimento, diferentemente das operações negociadas em Bolsa, em que esta solicita garantias de ambas as partes e assume o risco de crédito da operação;

❑ no contrato a termo, não há pagamento na data de sua celebração. No vencimento, ocorre a liquidação física e financeira da operação: o vendedor entrega a mercadoria e recebe o pagamento.

Conheceremos, em seguida, como se formam os preços no mercado a termo.

Formação do preço a termo

Muitos pensam que o preço a termo da soja –, ou de qualquer outra mercadoria – é o preço que os produtores e compradores acham que ela estará valendo no futuro. Entretanto, a precificação do mercado a termo é feita com base no conceito de arbitragem. Arbitrar é operar simultaneamente em dois mercados – à vista e a termo, por exemplo – para obter lucro com a distorção de preços entre eles. Assim, para que não haja oportunidades de arbitragem, o preço a termo da soja depende de seu preço à vista, do prazo para o vencimento da operação e da taxa de juros no período. Veja um exemplo:

❑ preço à vista da soja – R$ 20,00/saca;
❑ taxa de juros – 2,5% a.m.;
❑ prazo do contrato a termo – um mês;
❑ preço a termo da soja – R$ 22,00/saca.

Note que poderíamos realizar hoje a seguinte operação:

❑ pegar R$ 1 milhão emprestados ao custo de 2,5% a.m.;
❑ comprar 50 mil sacas de soja à vista por R$ 20,00/saca;

❑ vender 50 mil sacas de soja a termo para um mês por R$ 22,00/saca.

No vencimento da operação, teríamos o seguinte resultado financeiro, desprezando o custo de armazenagem da soja:

❑ pagar R$ 1,025 milhão pelo empréstimo;
❑ entregar as 50 mil sacas de soja e receber R$ 1,1 milhão;
❑ lucrar R$ 75 mil sem correr riscos.

Ora, se há oportunidades de arbitragem, como o exemplo mostra, significa que o preço da soja a termo estava malprecificado. Vamos então calcular o preço justo da soja, que não daria espaço para arbitragem:

$$\text{Valor a termo} = \text{valor à vista} \times (1 + \text{taxa juros})^{prazo} + \text{outros custos}$$

Desprezando outros custos, como armazenagem, seguro, transporte, taxas e corretagens, temos:

$$\text{Valor a termo} = R\$\ 20,00 \times (1 + 2,5\%)^1 = R\$\ 20,50/\text{saca}$$

Assim, o preço justo da soja, que não dá margem a arbitragem, seria R$ 20,50/saca. Sempre que ocorrem distorções entre os preços nos mercados à vista e a termo os arbitradores entram comprando onde está barato e vendendo onde está caro, até que desapareçam as distorções, aproximando o preço a termo do seu valor justo.

A seguir, você, leitor, vai conhecer o mercado a termo de ações, utilizado não só pelos grandes, mas também pelos pequenos investidores.

Mercado a termo de ações

Na Bovespa são negociados contratos de compra e venda a termo de ações para liquidação em data futura. Nessas operações os investidores combinam:

- *a ação* – podem ser negociados contratos a termo sobre todas as ações negociáveis na Bovespa;
- *o prazo* – o prazo mínimo é de 12 dias úteis e o máximo de 999 dias corridos. Normalmente, as operações são realizadas por 30 ou 60 dias;
- *o preço* – o preço a termo da ação é igual ao preço da ação à vista acrescido da taxa de juros, fixada livremente em mercado.

As operações a termo são liquidadas no vencimento: o comprado a termo deve pagar o valor combinado e receber as ações. Se ele desejar, pode rolar a posição, o que implica fazer uma nova operação: vender as ações à vista e realizar nova compra a termo. Nesse caso, há o acerto da diferença financeira entre os valores à vista e a termo. O comprado a termo pode ainda liquidar a operação antecipadamente pelo preço combinado, sem deságio. Um exemplo vai ilustrar melhor o funcionamento desse mercado. Imagine que você fechou a seguinte compra a termo:

- ação – Petr4;
- preço à vista – R$ 30,00;
- taxa de juros – 2%;
- preço a termo – R$ 30,60;
- prazo – 30 dias.

Se, no vencimento do termo, a ação estiver cotada acima de R$ 30,60, você vai ter lucro na operação. Caso contrário, terá prejuízo. Se a ação estiver cotada a R$ 32,00, por exemplo, você ganhará R$ 1,40 por ação. Já se a ação estiver cotada a R$ 30,00 no vencimento a termo você perderá R$ 0,60 por ação.

Toda operação a termo requer um depósito de garantia na corretora, e desta na CBLC. Essas garantias podem ocorrer de duas formas:

- *cobertura* – o vendedor a termo deposita as próprias ações como garantia da operação;
- *margem* – tanto o vendedor que não possui as ações quanto o comprador deverão depositar uma margem de garantia. A margem é calculada pela Bolsa e equivale ao diferencial entre o preço à vista e o preço a termo mais um valor calculado em função da volatilidade da ação. Podem ser depositadas, como margem, as seguintes garantias: dinheiro, ouro, títulos públicos e privados, cartas de fiança, ações e outros ativos a critério da CBLC. Note que, à medida que seu prejuízo aumentar, a Bolsa vai pedir reforço de garantias. Caso você não as deposite, sua operação será encerrada antecipadamente e suas garantias depositadas serão utilizadas para pagar seu prejuízo. Importante ainda salientar que as margens de garantia depositadas em dinheiro são remuneradas pela Bolsa, e que os direitos e proventos (dividendos, por exemplo) distribuídos às ações, objeto do contrato a termo, pertencem ao comprador a termo.

Existem várias estratégias para a negociação de ações a termo, conforme destaca a própria BM&FBovespa em seu site na internet.[14] Entre as motivações para comprar ações a termo, destacamos:

- *alavancagem* – imagine um investidor que espera uma alta consistente na ação da Petrobras:
  - preço à vista da ação – R$ 30,00;
  - preço a termo – R$ 30,60;
  - recursos disponíveis para investimento – R$ 9 mil;
  - margem inicial no termo – R$ 2,00/ação.

---

[14] Disponível em: <www.bmfbovespa.com.br>. Acesso em: jan. 2012.

Se ele resolver aplicar todo o dinheiro no mercado à vista, poderá comprar 300 ações. Mas ele pode comprar ações a termo e depositar o dinheiro como margem de garantia. Como a Bolsa exige uma margem de R$ 2,00/ação, ele poderá comprar 4.500 ações a termo, alavancando a aposta na alta das ações.

Veja na tabela 7 o resultado financeiro em cada um dos mercados.

Tabela 7
Resultado financeiro (R$)

Preço da ação no vencimento	Resultado da compra à vista	Resultado da compra a termo
28,00	−600,00	−11.700,00
29,00	−300,00	−7.200,00
30,00	0	−2.700,00
31,00	300,00	1.800,00
32,00	600,00	6.300,00

É importante notar, leitor, que o resultado no mercado a termo não é simétrico, pois no preço a termo está embutida a taxa de juros para o prazo da operação;

❑ *garantia do preço de compra* – o investidor espera uma alta no preço da ação. Entretanto, os recursos não estão disponíveis, estão aplicados em outros títulos, por exemplo. Nesse caso, o investidor pode comprar a ação a termo para garantir o preço a pagar no vencimento e depositar os títulos como margem de garantia da operação;

❑ *diversificação de riscos* – um investidor deseja comprar ações, porém não quer concentrar todos os seus recursos em apenas um ou dois papéis, para não assumir riscos muito elevados. Ele pode então comprar a termo quatro ações diferentes, desembolsando apenas a margem de garantia. Essa diversificação envolve riscos menores do que uma aplicação em ações de uma única empresa, já que a eventual perda com uma ação pode ser compensada com os ganhos com as outras três;

- *operação caixa* – imagine um investidor que tem ações da Petrobras e vai precisar dos recursos, mas não deseja se desfazer da posição na empresa, pois continua acreditando na alta das ações dela. Ele pode vender as ações à vista e comprar a termo, o que lhe permite fazer caixa e, ao mesmo tempo, garantir o preço de recompra das ações no futuro. Essa operação equivale a pegar um empréstimo à taxa de juros praticada no mercado.

Veja agora, caro leitor, o que leva um investidor a vender ações a termo:

- *garantia do preço de venda* – o investidor decidiu vender a ação e aplicar o dinheiro na renda fixa por um mês, apostando na queda das ações. Ao invés de vender à vista e aplicar os recursos na renda fixa, ele pode vender as ações a termo por um preço maior do que o preço à vista, ganhando a taxa de juros implícita na operação;
- *operação de financiamento* – nesse caso, o investidor compra ações à vista e as vende a termo. Essa operação é oposta à operação caixa, que vimos anteriormente: o objetivo do investidor é simular uma aplicação em renda fixa, ganhando a diferença entre os preços à vista e a termo, ou seja, os juros da operação. É uma operação muito realizada por quem não quer o risco de renda variável, mas deseja utilizar essa operação para simular uma operação de renda fixa, buscando uma rentabilidade superior ao CDI. É também frequentemente utilizada, por exemplo, por fundos de renda fixa e multimercado mais conservadores. Se o comprador a termo liquidar a operação antecipadamente, não haverá desconto, o que significa que o fundo vai receber o mesmo valor que

receberia no vencimento antes do prazo, podendo, com os recursos, fazer nova operação similar, elevando com isso a sua rentabilidade. Como você, leitor, pode observar, o gestor do fundo vai estar sempre torcendo para que o comprador a termo liquide a operação antecipadamente.

O segundo mercado derivativo que vamos conhecer é denominado "mercado futuro".

Mercado futuro

Um contrato futuro é um contrato a termo padronizado, em que são especificados, pela BM&F, o ativo, o volume e o vencimento. Assim, os participantes negociam apenas o preço e a quantidade.

Veja a seguir as principais características desses contratos:

❑ padronização – permite que os contratos sejam negociados em Bolsa, o que garante maior liquidez e transparência na formação de preços;
❑ margem de garantia – a *clearing house* da Bolsa exige garantias de ambas as partes e assume o risco de crédito da operação. Pode ser depositada em dinheiro, títulos públicos ou carta de fiança, entre outros ativos aceitos pela Bolsa;
❑ ajustes diários – para não deixar as perdas se acumularem, a BM&F realiza diariamente o acerto das perdas e lucros entre comprados e vendidos, procedimento conhecido como "ajuste diário", com liquidação financeira no dia útil seguinte;
❑ limite máximo de contratos em aberto por participante e limite máximo para a oscilação dos preços – tem por objetivo limitar o risco das operações.

Veja agora uma breve descrição dos principais contratos futuros negociados na BM&F.

DI futuro

O certificado de depósito interfinanceiro (CDI) é a taxa de juros para aplicações e empréstimos entre instituições financeiras, por um dia útil, registradas na Cetip. Essa taxa está diretamente relacionada à taxa Selic praticada pelo Banco Central. Já o depósito interfinanceiro futuro, conhecido como "DI futuro", negocia a expectativa do mercado financeiro em relação ao comportamento do CDI do dia da operação até o vencimento do contrato. Veja um exemplo, com base nos dados de 10 de maio de 2010, da BM&F:

❑ taxa Selic (meta) – 9,40% a.a.;
❑ CDI – 9,38% a.a.
❑ DI futuro para janeiro de 2011 – 11,1% a.a.;
❑ DI futuro para janeiro de 2012 – 12,4% a.a.

A taxa do DI futuro para janeiro de 2011 refletia a expectativa do mercado financeiro para o CDI médio de 11 de maio de 2010 até o dia 2 de janeiro de 2011, data de vencimento do contrato.

Os dados acima refletiam a expectativa do mercado financeiro de que o Copom subiria a taxa Selic em suas diversas reuniões ao longo do ano de modo que, entre 11 de maio de 2010 e 2 de janeiro de 2011, o CDI praticado entre as instituições financeiras ficasse, na média, em 11,1% a.a., e que o CDI acumulado entre 11 de maio de 2010 e 2 de janeiro de 2012 ficasse, na média, em 12,4% a.a.

Note que essas taxas oscilam ao longo do dia nas negociações na BM&F em função da divulgação de indicadores econômicos, do comportamento do dólar e mesmo de eventos externos que podem influenciar o comportamento da inflação e a atuação do Banco Central.

Dólar futuro

Se um investidor desejar especular ou se proteger contra o comportamento futuro da taxa de câmbio, ele pode negociar contratos de dólar futuro na BM&F. Exemplo:

- tamanho do contrato – US$ 50 mil;
- cotação – em R$, para cada lote de US$ 1.000;
- vencimento – primeiro dia útil de cada mês.

As operações são ajustadas diariamente, com base no preço de ajuste divulgado pela BM&F. No vencimento, será utilizada a PTAX de venda[15] da véspera, divulgada pelo Banco Central. Veja um exemplo: um exportador vai receber, no futuro, US$ 100 mil e deseja se proteger contra uma possível queda na taxa de câmbio. Para tanto, ele pode vender contratos futuros na BM&F:

- quantidade de contratos vendidos – 2;
- cotação de venda – R$ 2.735,00/US$ 1.000,00.

A tabela 8 mostra a evolução dos ajustes diários, de acordo com o comportamento do dólar futuro:

Tabela 8
Ajustes diários (R$)

Cotação de ajuste	Valor do ajuste
2.700,00	3.500,00
2.720,00	–2.000,00
2.680,00	4.000,00
2.650,00	3.000,00
Total	8.500,00

---

[15] PTAX: taxa de câmbio divulgada diariamente pelo Banco Central, que corresponde à média aritmética do resultado de quatro consultas realizadas ao longo do dia a instituições financeiras credenciadas como *dealers* de câmbio (fonte: Banco Central do Brasil).

Note, caro leitor, que, se não tivesse se protegido no mercado futuro, o exportador sofreria uma elevada perda, pois iria vender seus US$ 100 mil no mercado à vista. Ao realizar o *hedge*, o ganho no mercado futuro compensou a queda na taxa de câmbio à vista. Com isso, ele conseguiu garantir a cotação de R$ 2,735/US$ antecipadamente.

Ibovespa futuro

O Ibovespa representa uma carteira teórica com as ações mais negociadas na Bolsa nos últimos 12 meses. Essa carteira sofre atualização a cada quatro meses, quando é revisto o peso de cada ação. Comprar o Ibovespa futuro permite ao investidor aplicar seus recursos em uma carteira diversificada de ações, depositando apenas uma parte dos recursos como garantia do contrato. A seguir são apresentadas as principais características do contrato:

❏ cotação – pontos do Ibovespa, sendo cada ponto equivalente a R$ 1,00;
❏ vencimento – toda quarta-feira mais próxima do dia 15 dos meses pares;
❏ ajuste diário das posições em aberto, com liquidação financeira no dia seguinte.

As operações com Ibovespa futuro podem ser efetuadas com os seguintes objetivos:

❏ *alavancagem* – permite apostar na alta do índice depositando apenas uma parcela do capital como garantia ou, ainda, apostar na queda da Bolsa, mesmo sem ter as ações;
❏ *hedge* – permite ao investidor que possui uma carteira de ações se proteger contra a queda do índice vendendo o Ibovespa futuro sem precisar vender suas ações no mercado à vista.

MERCADO DE CAPITAIS

Mini-índice Bovespa

Os minicontratos de Ibovespa futuro são negociados por meio do *home broker* e representam 20% do contrato-padrão. Assim, cada ponto do índice equivale a R$ 0,20. Nessas operações, para facilitar sua operacionalização, os investidores precisam fazer um depósito de margem para garantir os ajustes diários. Caso o índice oscile muito, pode haver uma chamada adicional de margem. Veja um exemplo: um investidor comprou um contrato de mini-Ibovespa por 60.200 pontos. A tabela 9 mostra a evolução dos ajustes diários de acordo com o comportamento do Ibovespa futuro.

Tabela 9
Ajustes diários

Ibovespa de fechamento (pontos)	Valor do ajuste (pontos)	Valor do ajuste (R$)
60.350	150	30
61.500	1.150	230
58.920	−2.580	−516
58.000	−920	−184
Total	−2.200	−440

Note que, no dia da operação, o Ibovespa futuro fechou em 60.350 pontos. Logo, o investidor terá um lucro de 150 pontos, o equivalente a R$ 30,00 (=150 × R$ 0,20). Diariamente, com a evolução do índice futuro, ele sofre perdas e ganhos. A operação é encerrada mediante a venda do contrato ou no vencimento, quando ocorre o último ajuste diário. No nosso exemplo, o investidor perdeu R$ 440,00.

A negociação dos minicontratos permitiu aos pequenos investidores o acesso a oportunidades de alavancagem e *hedge*, antes somente disponíveis aos grandes investidores.

Swap

Swap é um contrato derivativo por meio do qual os participantes combinam um valor de referência e corrigem esse valor por dois índices diferentes. No vencimento, o perdedor paga a diferença ao ganhador.

Veja, caro leitor, um exemplo simples para melhor entender o funcionamento dessa operação. É mais fácil do que parece. Imagine que você foi a um banco e pegou um empréstimo de R$ 1 milhão, por um ano, com a taxa prefixada de 15% a.a. E que, no mesmo dia, você optou por aplicar o mesmo R$ 1 milhão, no mesmo banco, em um título cambial que vai render 5% acrescido da variação do dólar.

Vamos montar o fluxo de caixa da operação, na figura 8.

Figura 8
FLUXO DE CAIXA

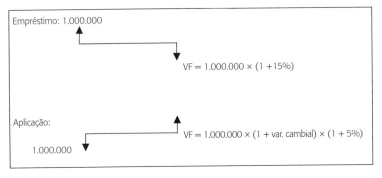

Note que o resultado financeiro dessa operação – lucro ou prejuízo – vai depender do comportamento do dólar. Vamos imaginar que o dólar tenha subido 20% e calcular o resultado financeiro no vencimento:

Ativo (aplicação) ⇨ VF = $1.000.000 \times (1 + 20\%) \times (1 + 5\%)$ = R$ 1.260.000

Passivo (empréstimo) ⇨ VF = 1.000.000 × (1 + 15%) = R$ 1.150.000

Resultado ⇨ Lucro de R$ 110.000 na operação.

Assim, no vencimento você vai ganhar R$ 110 mil com essa operação. Isso ocorreu porque seu ativo rendeu mais do que o custo do seu passivo.

E se o dólar caísse 10%, qual seria o resultado financeiro no vencimento da operação?

Ativo (aplicação) ⇨ VF = 1.000.000 × (1 −10%) × (1 + 5%) = R$ 945.000

Passivo (empréstimo) ⇨ VF = 1.000.000 × (1 + 15%) = R$ 1.150.000

Resultado ⇨ Prejuízo de R$ 205.000 na operação.

Nesse caso, a correção do passivo foi maior que o rendimento do ativo devido à queda do dólar. Assim, você vai ter de pagar R$ 205 mil no vencimento.

Podemos, por fim, calcular qual seria a alta mínima do dólar que garantiria lucro na operação. Nesse caso, basta igualar o valor de resgate da aplicação financeira ao valor a pagar pelo empréstimo:

Ativo (aplicação) ⇨ VF = 1.000.000 × (1 + var. cambial) × (1 + 5%)

Passivo (empréstimo) ⇨ VF = 1.000.000 × (1 + 15%) = R$ 1.150.000

Ativo = Passivo ⇨ 1.000.000 × (1 + var. cambial) × (1 + 5%) = 1.150.000

Logo, variação cambial = 9,52%

Assim, se o dólar subir mais do que 9,52%, você terá lucro na operação. Se ele subir menos do que isso, ou mesmo cair, você terá prejuízo. Essa operação, que simula uma aplicação financeira e um empréstimo de mesmos valores e prazos, com indexadores diferentes, é conhecida como *swap*.

Características dos contratos de swap

Os principais *swaps* negociados no mercado brasileiro são:

- ❑ taxa prefixada x CDI;
- ❑ CDI x dólar;
- ❑ taxa prefixada x dólar.

Veja, caro leitor, que você não precisa de dinheiro para realizar um *swap*. Basta combinar com a outra parte:

- ❑ o valor da operação (valor de referência ou valor nocional);
- ❑ a taxa ativa (taxa de uma aplicação financeira);
- ❑ a taxa passiva (taxa do empréstimo);
- ❑ o prazo.

No vencimento, vai ocorrer apenas a movimentação financeira da diferença entre o valor da ponta ativa (resgate da aplicação financeira) e o valor da ponta passiva (valor a pagar pelo empréstimo).

Negociação e registro

Essas operações são normalmente negociadas em balcão diretamente entre as partes, mas toda operação de *swap* realizada por uma instituição financeira deve obrigatoriamente, por determinação do Banco Central, ser registrada na BM&F ou na Cetip, para dar maior transparência às operações. No caso da BM&F, os agentes podem definir se desejam que a Bolsa garanta a operação. Nesse caso, ela vai exigir depósito de garantias de ambas as partes e se comprometer a honrar a operação no vencimento. No caso da Cetip ou nas operações registradas na BM&F sem garantia da Bolsa, os agentes são apenas informados do valor a liquidar no vencimento da operação.

Estratégias

Você já se perguntou por que as empresas e bancos realizam operações de *swap*? Ora, os motivos são os mesmos de quem opera os demais derivativos: especulação, alavancagem ou *hedge*. Existe ainda a possibilidade de um agente financeiro atuar como intermediário entre dois clientes, ganhando um *spread* na operação.

No nosso exemplo anterior, o *swap* foi realizado com o intuito de especular. No entanto, esse mesmo *swap* poderia ser utilizado como estratégia de *hedge*. Imagine uma empresa que fez uma importação financiada ou captou recursos no exterior e vai ter que pagar US$ 1 milhão em uma data futura. Essa empresa tem uma dívida em dólares e corre o risco de uma desvalorização do real (alta do dólar), o que encareceria o custo da dívida. Para evitar esse risco, ela poderia realizar um *swap* CDI x dólar, transformando a dívida em dólares numa dívida em reais, atrelada ao CDI, conforme ilustrado a seguir:

Operação original	
Ativo	Passivo
	Dívida em dólar

Operação com o swap	
Ativo	Passivo
Dólar	Dívida em dólar CDI

Precificação

Comprar um *swap* CDI x US$ é o equivalente a uma posição comprada em DI futuro e vendida em dólar futuro. Assim, para não haver arbitragem entre os mercados, as taxas dos *swaps* acompanham o comportamento dos contratos futuros negociados na BM&F.

O quarto mercado de derivativos que veremos é o de opções de compra, conhecido como *call*, e o de opções de venda, também chamado de *put*.

Opções

Opções são contratos em que se negociam direitos de compra ou venda de ações, moeda, índices ou mercadorias. No mercado financeiro brasileiro, as opções sobre ações são negociadas na Bovespa. Já na BM&F, são negociadas opções sobre dólar e ouro, entre outras. E no mercado de balcão podem ser negociadas opções sobre qualquer ativo como ações, dólar ou ainda mercadorias, por exemplo. Vejamos o funcionamento das opções de compra e, em seguida, das opções de venda.

Opção de compra (call)

Ao comprar uma opção de compra, você paga um prêmio antecipadamente ao vendedor da opção pelo direito de comprar um ativo, em uma data futura, a um preço previamente combinado. No vencimento da opção, você deverá optar se deseja ou não comprar o ativo. Já o vendedor da opção, que recebeu o valor do prêmio, será obrigado a vender o ativo pelo preço combinado. Assim, o comprador de uma opção deste tipo aposta na alta no preço da ação. As opções de compra são chamadas, no jargão do mercado financeiro, de *call*. Veja a seguir os principais termos relacionados à negociação de opções:

- *titular* – é o comprador da opção;
- *lançador* – é o vendedor da opção;
- *prêmio* – é o preço pago antecipadamente pelo titular ao lançador;
- *ativo-objeto* – é o ativo que referencia o contrato de opção;
- *preço de exercício* – preço pelo qual o ativo poderá ser comprado ou vendido;
- *data de vencimento* – a partir dessa data, a opção deixa de existir.

Veja um exemplo:

- ativo-objeto – Petrobras PN;
- preço da ação à vista – R$ 30,00;
- preço de exercício – R$ 32,00;
- prêmio – R$ 0,50;
- prazo – um mês.

Ao adquirir essa opção de compra, você paga R$ 0,50 de prêmio e pode comprar a ação da Petrobras por R$ 32,00 daqui a um mês. Veja na tabela 10 os possíveis valores para o preço da ação da Petrobras no vencimento da opção, a decisão correta a ser tomada e o resultado financeiro da operação para o comprador da opção.

Tabela 10

RESULTADO FINANCEIRO PARA O TITULAR DA OPÇÃO DE COMPRA

Preço da ação no vencimento (R$)	Titular exerce o direito de comprar a ação?	Resultado financeiro (R$)
28,00	Não	-0,50
30,00	Não	-0,50
32,00	Não	-0,50
32,10	Exerce	-0,40
32,50	Exerce	0
35,00	Exerce	2,50
40,00	Exerce	7,50

Caso o preço da ação no vencimento esteja abaixo de R$ 32,00, é óbvio que você, leitor, não vai querer exercer a opção, pois não faz sentido pagar R$ 32,00 pela ação, uma vez que poderia pagar menos por ela comprando diretamente no mercado à vista. Assim, se a ação estiver cotada acima de R$ 32,00 no vencimento da opção, você vai querer pagar os

R$ 32,00 combinados. Mas note que você só começa a ter lucro se a ação estiver valendo mais que R$ 32,50, equivalentes aos R$ 32,00 do preço de exercício acrescido de R$ 0,50 referentes ao prêmio pago antecipadamente. Veja a figura 9, que ilustra o resultado financeiro para o titular da *call*.

Figura 9
RESULTADO PARA O TITULAR DA OPÇÃO DE COMPRA

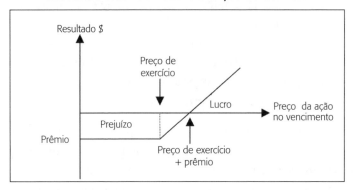

Note que o titular de uma opção de compra perde no máximo o prêmio pago, caso ele não exerça o direito de comprar o ativo. Para o vendedor da opção, o gráfico é simétrico, conforme ilustra a figura 10.

Figura 10
RESULTADO PARA O LANÇADOR DA OPÇÃO DE COMPRA

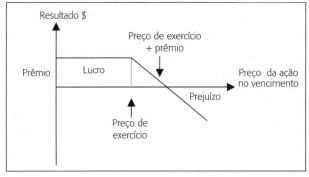

Atente para o fato de que o vendedor da opção corre um risco elevado, pois vai ter de vender o ativo pelo preço combinado. Se ele não possuir a ação, vai ter de comprá-la no mercado à vista pela cotação do dia do exercício. Por isso, a CBLC, *clearing* da Bovespa, exige uma garantia dos lançadores das opções, que pode ser de dois tipos:

❏ *cobertura* – o vendedor da opção deposita a própria ação-objeto a que ela se refere. Nesse caso, ele é chamado de um lançador coberto;
❏ *margem* – o vendedor da opção que não possui as ações realiza um depósito, que pode ser em dinheiro ou títulos aceitos pela Bolsa, para garantir a operação. Nesse caso, ele é chamado de um lançador descoberto.

Já o titular está dispensado de depositar garantias, pois o máximo que ele pode perder é o prêmio pago. Note que a liquidação financeira do prêmio e o depósito da margem de garantia devem ser realizados no dia seguinte ao da negociação da opção (D+1). E, no caso de o titular exercer seu direito e adquirir as ações no vencimento da opção, ele deverá pagar pela compra das ações pelo preço de exercício em três dias úteis (D+3).

Opção de venda (put)

Ao comprar uma opção de venda, você paga um prêmio antecipadamente ao vendedor da opção pelo direito de vender um ativo, em uma data futura, a um preço previamente combinado. No vencimento da opção, você deverá optar se deseja ou não vender o ativo. Já o vendedor da opção, que recebeu o valor do prêmio, será obrigado a comprar o ativo pelo preço combinado. Assim, o comprador de uma opção de venda aposta na queda no preço da ação. As opções de venda são chamadas, no jargão do mercado financeiro, de *put*.

Veja um exemplo:

- ativo-objeto – Vale PN;
- preço da ação à vista – R$ 30,00;
- preço de exercício – R$ 32,00;
- prêmio – R$ 2,50;
- prazo – um mês.

Ao comprar essa opção de venda, você paga R$ 2,50 de prêmio e pode vender a ação da Vale por R$ 32,00 em um mês. Veja na tabela 11 os possíveis valores para o preço da ação da Vale no vencimento da opção, a decisão correta a ser tomada e o resultado financeiro da operação para o comprador da opção.

Tabela 11

RESULTADO FINANCEIRO PARA O TITULAR DA OPÇÃO DE VENDA

Preço da ação no vencimento (R$)	Titular exerce o direito de vender a ação?	Resultado financeiro (R$)
25,00	Exerce	4,50
28,00	Exerce	1,5
29,50	Exerce	0
30,00	Exerce	−0,5
31,50	Exerce	−2,0
35,00	Não	−2,5
40,00	Não	−2,5

Caso o preço da ação no vencimento esteja acima de R$ 32,00, é óbvio que você, leitor, não vai querer exercer a opção, pois não faz sentido vender a ação por R$ 32,00 se você poderia vendê-la diretamente no mercado à vista por mais. Mas se a ação estiver cotada abaixo de R$ 32,00 no vencimento da opção, você vai querer vender pelos R$ 32,00 combinados. Note, entretanto, que você só começará a ter lucro se a ação estiver cotada a menos que R$ 29,50, valor equivalente aos R$ 32,00 do preço de exercício menos os R$ 2,50 referentes ao prêmio pago antecipadamente. A figura 11 ilustra o resultado financeiro para o titular de uma *call*.

Figura 11
RESULTADO PARA O TITULAR DA OPÇÃO DE VENDA

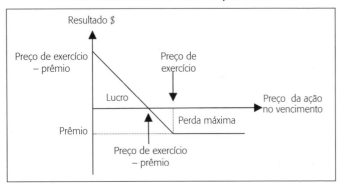

O titular da opção de venda (*put*) perde, no máximo, o prêmio pago, caso não exerça seu direito de vender o ativo. Já o lançador corre um elevado risco se o preço da ação subir muito, devendo, portanto, depositar garantias. A figura 12 a seguir ilustra o gráfico para o lançador da *put*. Veja que é similar ao gráfico do titular da opção de venda, porém simétrico.

Figura 12
RESULTADO PARA O LANÇADOR DA OPÇÃO DE VENDA

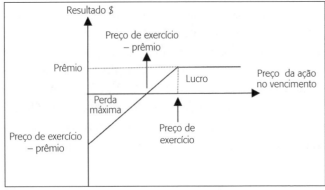

Classificação das opções

As opções podem ser classificadas quanto ao momento do exercício do direito:

❏ *americanas* – o titular pode exercer seu direito a qualquer momento até o vencimento;
❏ *europeias* – o titular somente pode exercer seu direito no vencimento da opção.

As opções de compra sobre ações negociadas na Bovespa são sempre americanas, enquanto as opções de venda sobre ações são europeias.

As opções podem também ser classificadas em relação ao preço de exercício:

❏ *opções* in-the-money – são chamadas de opções "dentro do dinheiro" aquelas que dariam exercício imediato. Nesse caso dizemos que a opção tem valor intrínseco, que corresponde à diferença entre o preço da ação e o preço de exercício. Esse seria o valor mínimo do prêmio da opção. Veja dois exemplos de opções *in-the-money*:

Opção de compra (*call*)	Opção de venda (*put*)
Preço da ação à vista: R$ 40,00	Preço à vista: R$ 40,00
Preço de exercício: R$ 38,00	Preço de exercício: R$ 42,00
Prêmio mínimo: R$ 2,00	Prêmio mínimo: R$ 2,00

A opção de compra do exemplo acima deveria valer R$ 2,00 no vencimento, pois você poderia exercer seu direito de comprar por R$ 38,00 uma ação que está cotada a R$ 40,00. Logo, em qualquer data antes do vencimento, o valor do prêmio será maior que R$ 2,00 – por exemplo, R$ 2,50. Esses R$ 0,50 são chamados "valor tempo";

- *opções* at-the-money – são chamadas de opções "no dinheiro" aquelas em que o preço da ação é igual ao preço de exercício;
- *opções* out-the-money – são chamadas opções "fora do dinheiro" quando não dão exercício imediato. No vencimento da opção, o prêmio vale zero e diz-se que a opção "virou pó". Assim, antes do vencimento essa opção não tem valor intrínseco; tem apenas valor tempo. Veja dois exemplos:

Opção de compra (*call*)	**Opção de venda (*put*)**
Preço da ação à vista: R$ 40,00	Preço da ação à vista: R$ 40,00
Preço de exercício: R$ 42,00	Preço de exercício: R$ 38,00

No caso da opção de compra, você não pagaria R$ 42,00 por uma ação que está cotada a R$ 40,00. Logo, no dia do vencimento, o prêmio tenderia para zero. Entretanto, antes do vencimento, o valor do prêmio seria maior que zero, pois a opção teria valor tempo, por exemplo, de R$ 0,50, uma vez que haveria chance de a ação subir até o vencimento e você poderia exercer a opção.

Valor do prêmio

O valor do prêmio de uma opção é estabelecido a partir da negociação entre os agentes no mercado secundário. Como salientamos, o prêmio de uma opção tem dois componentes: o valor intrínseco, dado pela diferença entre o preço da ação e o preço de exercício, e o valor tempo.

Em 1973, John Black e Myros Scholes desenvolveram um modelo teórico para a precificação de opções europeias. Anos mais tarde, em 1979, os autores Cox, Ross e Rubinstein desenvolveram um novo modelo, conhecido como modelo binomial, para precificação de opções americanas. Esses modelos permitem calcular qual seria o valor justo do prêmio de uma opção. Não é nosso objetivo mostrar o desenvolvimento teórico dos modelos, mas apenas salientar as principais variáveis que influenciam o prêmio das opções para determinação de seu valor teórico. São elas:

- *preço da ação* – nas opções de compra, quanto maior o valor da ação, maior a chance de o titular exercer seu direito de compra. Logo, maior o prêmio. Nas opções de venda ocorre o inverso;
- *preço de exercício* – nas opções de compra, quanto maior o preço de exercício, maior o valor que você vai pagar pela ação no vencimento. Logo, menor o valor do prêmio. Nas opções de venda ocorre o contrário;
- *tempo para o vencimento* – quanto maior o prazo até o vencimento, mais chances de a opção ser exercida. Logo, maior o prêmio;
- *volatilidade da ação* – quanto mais volátil (mais oscilante) for a ação, maior a chance de a opção dar exercício no vencimento. Logo, maior o prêmio da opção;
- *taxa de juros* – a relação da taxa de juros com o valor do prêmio não é tão clara.

Pense no preço de exercício de uma opção de compra como um valor a ser desembolsado no futuro. Assim, quanto maior a taxa de juros, menor o valor presente do preço de exercício, e, em princípio, melhor para o titular de uma opção de compra. Logo, quanto maior a taxa de juros, maior seria o prêmio da opção. Nas opções de venda ocorreria o contrário.

Mais importante que o efeito da alta da taxa de juros no prêmio das opções é seu efeito sobre o preço das ações. Lembre-se de que uma alta das taxas de juros aumenta o custo financeiro das empresas e reduz o interesse por crédito e consumo do setor privado, o que pode impactar o lucro esperado das empresas e reduzir o valor das ações. O interessante, leitor, é que você tenha uma ideia de como as variáveis impactam o prêmio de uma opção.

Risco e retorno

Os contratos derivativos, conforme vimos no decorrer do presente capítulo, permitem alavancar os investimentos, uma vez que o investidor não precisa ter todos os recursos que seriam necessários para uma aplicação no mercado à vista. Dessa forma, são extremamente arriscados, podendo proporcionar um alto retorno ou mesmo elevadas perdas.

Nas operações nos mercados a termo, futuro, *swap* e na venda de opções a descoberto, as perdas podem superar a margem inicial depositada. À medida que as perdas aumentam, você é obrigado a fazer um depósito adicional de margem. Caso contrário, sua operação é encerrada pela Bolsa.

Já as opções de compra de ações permitem fazer uma aposta na alta do ativo e, com isso, alavancar o ganho, mas com o risco de perda limitado ao prêmio pago. Uma vez que elas apresentam essa assimetria, tenha em mente que a probabilidade de sucesso é baixa.

Este capítulo apresentou as quatro modalidades de derivativos: termo, futuro, *swap* e opções. O objetivo foi mostrar a importância desses mercados para a realização de *hedge*, minimizando os riscos da posição no mercado à vista. Você, leitor, pode verificar que são mercados que possibilitam posições de alavancagem, que ocorre quando você opera acima da sua capacidade financeira em busca de resultados maiores e mais rápidos.

No próximo capítulo, vamos apresentar os fundos de investimento disponíveis no mercado brasileiro, que aplicam os recursos dos investidores em títulos públicos e privados, ações e derivativos apresentados ao longo deste livro.

5

Fundos de investimento

O presente capítulo aborda a oportunidade de você, leitor, aplicar em fundos de investimentos, que são condomínios em que investidores aplicam em conjunto numa carteira administrada por um gestor profissional. Você vai conhecer os tipos de fundos de investimento disponíveis no Brasil, suas características, vantagens, desvantagens e riscos envolvidos, de forma a facilitar a tomada de decisão.

Até o momento, as alternativas de investimento que vimos nos três capítulos anteriores dependem de o investidor selecionar o produto e negociar a taxa ou preço dos ativos financeiros que deseja adquirir ou vender. No entanto, leitor, você pode optar por, mediante pagamento de uma taxa de administração, entregar os recursos para um administrador, que fará a gestão com base em regras estabelecidas em um regulamento registrado na CVM. Você assina um termo de adesão, concordando com a forma de alocação dos recursos. Dependendo do montante que possui, pode contratar os serviços exclusivamente para você ou pode participar em condomínio com outras pessoas. A esse produto, seja ele exclusivo ou sob a forma de condomínio, dá-se o nome de fundo de investimento.

Definição e tipos de fundo

Os fundos representam uma modalidade de investimento que, sob uma única entidade jurídica, reúne recursos de pessoas físicas ou jurídicas que possuem objetivos comuns e que compartilham da mesma estratégia de investimento. Esses recursos, administrados por uma instituição financeira, são destinados à aplicação em carteiras diversificadas de ativos financeiros, em cotas de outros fundos ou, ainda, em outros títulos específicos, dependendo do objetivo e da política de investimento prevista no regulamento, que definirá o perfil do fundo. Sua constituição em forma de condomínio caracteriza a copropriedade dos bens, ou seja, os condôminos, também denominados cotistas, são os donos do fundo, proprietários de partes ideais representadas por cotas proporcionais ao valor investido.

Os fundos são regulamentados e fiscalizados pela CVM. O selo da Anbima é concedido aos fundos que aderem ao Código de Regulação e Melhores Práticas para Fundos de Investimento, que estabelece os princípios que a indústria de fundos de investimento (administradores, gestores e distribuidores) deve adotar, visando maior qualidade e disponibilidade de informações (prospecto e publicidade), bem como a elevação de padrões fiduciários ou de garantia ao investidor.

Veja os tipos de fundos mais utilizadas no mercado financeiro, dos quais trataremos neste capítulo:

- fundos de investimento (FIs) – compreendem sete categorias: fundo de curto prazo, fundo referenciado, fundo de renda fixa, fundo multimercado, fundo de ações, fundo cambial e fundo de investimento no exterior;
- fundo de investimento em direitos creditórios (FIDC);
- fundo imobiliário (FII);
- fundo de índice – *exchange traded fund* (ETF);
- fundo de participações (FIP).

Vamos começar abordando os fundos de investimento, por serem os mais utilizados e de maior acesso ao público bancário.

Fundos de investimento (FIs)

As categorias que constituem a família dos fundos de investimento são normatizadas pela Instrução CVM nº 409, de 18 de agosto de 2004 (versão consolidada), que trata dos fundos mais comuns e que hoje são oferecidos nas agências bancárias e por distribuidores autorizados pela CVM.

Das sete classes disponíveis, que se diferenciam pelo nível de risco, três concentram os recursos em renda fixa: curto prazo, referenciado e renda fixa.

Curto prazo

São fundos compostos basicamente por letras financeiras do Tesouro (LFTs), título público cuja rentabilidade é indexada à taxa Selic diária. Os títulos adquiridos pelo gestor não podem exceder 375 dias, da data da compra até o vencimento final, e a carteira deve ter um prazo médio de duração inferior a 60 dias. Com isso, mudanças nos preços dos títulos em consequência de estresses na economia praticamente não afetam a rentabilidade desses fundos, que, portanto, se caracterizam como de baixíssimo risco de mercado, de crédito e de liquidez.

Referenciado DI

Como definido pela Anbima, são assim classificados os

fundos que objetivam investir, no mínimo, 95% do valor de sua carteira em títulos ou operações que busquem acompanhar as variações do CDI ou da taxa Selic, estando sujeitos às oscilações decorrentes do ágio ou deságio dos títulos em relação a estes parâmetros de referência.[1]

Vamos citar um exemplo: o fundo adquiriu uma debênture que rendia 115% do CDI. Se essa debênture passa a ser negociada no mercado secundário por 110% do CDI, o fundo apresenta um ganho excedente, visto que o título está sendo negociado com ágio, ou seja, por um preço maior.

No mínimo 80% do volume da carteira do fundo devem estar aplicados em títulos classificados como de baixo risco de crédito. É considerado de baixo risco de crédito, de mercado e de liquidez.

Renda fixa

Nessa categoria encontramos três classes – renda fixa, renda fixa crédito livre e renda fixa índices – nas quais as carteiras oscilam de baixo a médio risco de crédito, de mercado e de liquidez. Lembramos que o risco de mercado está associado ao prazo médio de duração da carteira; quanto maior a duração, maior o risco, conforme vimos no capítulo 2 deste livro, em marcação a mercado.

Vamos, então, analisar essas três classes:

❏ *renda fixa* – são fundos que operam com títulos pré ou pós-fixados, públicos e privados, devendo manter, no mínimo, 80% da carteira em títulos com baixo risco de crédito ou sintetizados a renda fixa por meio do uso de derivativos (como financiamentos a termo). O patrimônio do fundo está sujeito às oscilações decorrentes do ágio ou deságio dos títulos de forma mais intensa que o referenciado DI, em função da parcela prefixada da carteira;

❏ *renda fixa crédito livre* – são fundos que buscam retorno por meio de investimentos em ativos de renda fixa ou sintetizados

---

[1] Disponível em: <www.comoinvestir.com.br/fundos/guia-de-fundos/classes_de_fundos/Paginas/default.aspx>. Acesso em: dez. 2011.

via derivativos, podendo manter mais de 20% da sua carteira em títulos de médio ou alto risco de crédito;
- *renda fixa índices* – esses fundos buscam seguir ou superar indicadores de desempenho (*benchmarks*), como o Índice do mercado aberto (IMA), por meio de investimentos em ativos de renda fixa, admitindo-se estratégias que impliquem risco de juros e de índice de preços do mercado doméstico.

Multimercado

Nova modalidade, que tem atraído os investidores pela possibilidade de retorno acima de 100% do CDI, são os fundos multimercado, que, como o nome diz, podem ser compostos por títulos de diferentes mercados: renda fixa, renda variável, *commodities*, futuros, câmbio e dívida externa. Além da versatilidade de mercados, podem operar com alavancagem, o que eleva sobremaneira o risco da carteira e, por consequência, afeta a possibilidade de retorno. Um fundo é considerado alavancado sempre que existir possibilidade diferente de zero de perda superior ao seu patrimônio, desconsiderando-se casos de *default* nos ativos no fundo, como a quebra de uma empresa, por exemplo. Para facilitar a escolha do investidor, os fundos devem seguir a subclassificação da Anbima, qual seja: *long and short* – neutro, *long and short* – direcional, multimercado macro, multimercado *trading*, multimercado multiestratégia, multimercado multigestor, multimercado juros e moedas, multimercado estratégia específica, balanceado e capital protegido. De acordo com a Anbima, a "classificação dos fundos multimercado baseia-se nas estratégias adotadas pelos gestores para atingir seus objetivos, que devem prevalecer sobre os instrumentos utilizados",[2] conforme pode ser visualizado no quadro 4.

---

[2] Disponível em: <www.comoinvestir.com.br/fundos/guia-de-fundos/classes_de_fundos/Paginas/default.aspx>. Acesso em: dez. 2011.

Quadro 4
MODALIDADES DE FUNDOS MULTIMERCADO

Long and short – neutro	Fundo que faz operações de ativos e derivativos ligados ao mercado de renda variável, montando posições compradas e vendidas, com o objetivo de manter a exposição neutra ao risco do mercado acionário. Os recursos remanescentes em caixa devem ficar investidos em operações permitidas ao tipo referenciado DI. Admite alavancagem.
Long and short – direcional	Fundo que faz operações de ativos e derivativos ligados ao mercado de renda variável, montando posições compradas e vendidas. O resultado deve ser proveniente, preponderantemente, da diferença entre essas posições. Os recursos remanescentes em caixa devem ficar investidos em operações permitidas ao tipo referenciado DI. Admite alavancagem.
Multimercado macro	Fundo que realiza operações em diversas classes de ativos (renda fixa, renda variável, câmbio etc.), definindo as estratégias de investimento baseadas em cenários macroeconômicos de médio e longo prazos, atuando de forma direcional. Admite alavancagem.
Multimercado *trading*	Fundo que concentra as estratégias de investimento em diferentes mercados ou classes de ativos, explorando oportunidades de ganhos originados por movimentos de curto prazo nos preços dos ativos. Admite alavancagem.
Multimercado multiestratégia	Fundo que pode adotar mais de uma estratégia de investimento, sem o compromisso declarado de se dedicar a uma em particular. Admite alavancagem.
Multimercado multigestor	Fundo que tem por objetivo investir em mais de um fundo, gerido por gestores distintos. A principal competência envolvida consiste no processo de seleção de gestores. Admite alavancagem.
Multimercado, juros e moedas	Fundo que busca retorno no longo prazo através de investimentos em ativos de renda fixa, admitindo-se estratégias que impliquem risco de juros, risco de índice de preço e risco de moeda estrangeira. Excluem-se estratégias que impliquem exposição de renda variável (ações etc.). Admite alavancagem.
Multimercado estratégia específica	Fundo que adota estratégia de investimento que implique riscos específicos, tais como commodities, futuro de índice. Admite alavancagem.

Continua

Balanceado	Fundo que busca retorno no longo prazo por meio de investimento em diversas classes de ativos (renda fixa, ações, câmbio etc.). Esse fundo utiliza uma estratégia de investimento diversificada e deslocamentos táticos entre as classes de ativos ou estratégia explícita de rebalanceamento de curto prazo. Deve ter explicitado o *mix* de ativos (percentual de cada classe de ativo) com o qual devem ser comparados (*asset allocation benchmark*). Assim, não podem ser comparados a indicador de desempenho que reflita apenas uma classe de ativos (por exemplo: 100% CDI). Não admite alavancagem.
Capital protegido	Fundos que buscam retornos em mercados de risco procurando proteger, parcial ou totalmente, o principal investido.

Fonte: Anbima (adaptação da Deliberação nº 44, de 24 de novembro de 2010).

Fundo de ações

Um fundo de ações tem como prerrequisito possuir, no mínimo, 67% da carteira em ações à vista, bônus ou recibos de subscrição, certificados de depósito de ações, cotas de fundos de ações, cotas dos fundos de índice de ações ou *Brazilian depositary receipts* (BDR) níveis II ou III. Os BDR nível I só são permitidos em fundos destinados a investidores qualificados.

A Anbima, no sentido de auxiliar os investidores a escolher os fundos de ações de acordo com os seus respectivos perfis de risco ou expectativa, definiu as seguintes classes, conforme Deliberação nº 44, de 24 de novembro de 2010, às quais os administradores dessa classe de fundos devem aderir:

- Fundo de Ações indexado ao Ibovespa – acompanha o comportamento do índice e não pode realizar operações de alavancagem;
- Fundo de Ações Ibovespa Ativo – utiliza o índice Bovespa como referência, mas busca superá-lo no médio e longo prazos. Se o estatuto previr, pode realizar operações de alavancagem;
- Fundo de Ações IBrX Indexado – acompanha o comportamento do IBrX ou do IBrX 50 e não admite alavancagem;

❑ Fundo de Ações IBrX Ativo – utiliza o IBrX ou o IBrX-50 como referência, tendo por objetivo superar o respectivo índice. Pode ou não operar com alavancagem, dependendo do que dispuser o estatuto;

❑ Fundo de Ações Setoriais – investe em empresas pertencentes a um mesmo setor ou conjunto de setores correlatos da economia. É necessário definir o(s) setor(es), subsetores ou segmentos elegíveis para aplicação, conforme classificação setorial definida pela Bovespa;

❑ Fundo de Ações FMP - FGTS – fundo regulamentado por instruções específicas (CVM n°s 141/1991, 157/1991, 266/1997, 279/1998 e suas modificações) utilizado nas privatizações como alternativa de investimento para os recursos aplicados no FGTS. Depende de autorização do governo para novos aportes;

❑ Fundo de Ações Small Caps – fundo cuja carteira investe no mínimo 90% em ações de empresas que não estejam incluídas entre as 25 maiores participações do IBrX – índice Brasil, ou seja, ações de empresas com baixa e média capitalização de mercado. Os 10% restantes podem ser investidos em ações de maior liquidez, desde que não estejam incluídas entre as 10 maiores participações do IBrX – índice Brasil, ou em operações de renda fixa de baixo risco que acompanhem CDI ou Selic. Não permite alavancagem;

❑ Fundo de Ações Dividendos – fundo cuja carteira investe somente em ações de empresas com histórico de *dividend yield* (renda gerada por dividendos) consistente ou que, na visão do gestor, apresentem essas perspectivas. Os recursos remanescentes devem ser aplicados em operações de renda fixa de baixo risco que acompanhem CDI ou Selic. Não admite alavancagem;

❑ Fundo de Ações Sustentabilidade/Governança – fundo que investe somente em empresas que apresentam bons níveis de governança corporativa ou que se destacam em responsabilidade social e sustentabilidade empresarial no longo prazo, conforme critérios estabelecidos por entidades reconhecidas no mercado ou supervisionados por conselho não vinculado à gestão do fundo. Os recursos remanescentes devem ser aplicados em operações de renda fixa de baixo risco que acompanhem CDI ou Selic. Não admite alavancagem;

❑ Fundo de Ações Livre – classifica-se nesse segmento o fundo de ações aberto que não se enquadre em nenhum dos critérios listados acima. Permite alavancagem se o estatuto assim o dispuser;

❑ Fundo Fechado de Ações – condomínio fechado, que só pode ser resgatado no final do seu prazo de existência.

Fundos cambiais

Nesta classe, os recursos são aplicados em reais em títulos cuja rentabilidade seja a variação de preços de moeda estrangeira ou a variação do cupom cambial, sendo que 80% da carteira devem ser compostos por ativos relacionados diretamente ou sintetizados via derivativos ao fator de risco que dá nome à classe. Como os títulos da carteira rendem variação cambial + taxa de juros, pode-se dizer que este fundo tem dois fatores de risco: a variação cambial e a variação da taxa de juros (cupom cambial).

Fundos dívida externa

Os fundos classificados como "dívida externa" devem aplicar no mínimo 80% de seu patrimônio líquido em títulos representativos da dívida externa de responsabilidade da União, sendo permitida a aplicação de até 20% em outros títulos de crédito transacionados no mercado internacional. Possui risco cambial, pois os recursos são enviados para o exterior, e possui risco de mercado referente à oscilação dos preços dos títulos que compõem a carteira.

O quadro 5 apresenta uma visão global das categorias que compõem a família de fundos de investimento, delimitando suas características e riscos.

Quadro 5

CLASSIFICAÇÃO E CARACTERÍSTICAS DOS FUNDOS DE INVESTIMENTO

Curto prazo	Referenciado DI	Renda fixa	Multimercado	Ações	Cambial	Dívida externa
Baixíssimo risco	Baixo risco	Baixo a médio risco	Médio a alto risco	Alto risco	Alto risco	Alto risco
Títulos públicos federais de curto prazo indexados à CDI/Selic. Títulos com prazo inferior a 375 dias. Prazo médio da carteira inferior a 60 dias.	80% em títulos de baixo risco de crédito. 95% em títulos com taxa flutuante ou sintetizados, via derivativos, a CDI/Selic.	80% em títulos de baixo risco de crédito. Prefixados, flutuantes e índice de preço + juros.	Carteira composta por diversas classes de ativos (renda fixa, renda variável, câmbio, commodities, dívida externa, outros).	67% da carteira em ações à vista, bônus ou recibos de subscrição, BDR, certificado de depósito de ações, fundos de índices e cotas de fundos de ações.	80% em ativos relacionados diretamente ou sintetizados via derivativos à moeda referência. Aceita qualquer risco de crédito.	80% da carteira aplicada em títulos da dívida externa brasileira de responsabilidade da União.
IR – come cotas em maio e novembro de 20% sobre o rendimento.	IR – come cotas em maio e novembro: 15% sobre o rendimento, se fundo de longo prazo.*	IR – come cotas em maio e novembro: 15% sobre o rendimento, se fundo de longo prazo.*	IR – come cotas em maio e novembro: 15% sobre o rendimento, se fundo de longo prazo.*	IR – somente no resgate, 15% sobre o rendimento.	IR – come cotas em maio e novembro: 15% sobre o rendimento, se fundo de longo prazo.*	IR – come cotas em maio e novembro: 15% sobre o rendimento, se fundo de longo prazo.*
Para quem não quer riscos de oscilação na variação da cota.	Para quem quer investimento conservador com IR baixo.	Para quem quer investir em renda fixa, mas aceita oscilações na cota, em busca de melhor rentabilidade no médio prazo.	Para quem deseja ganhos acima do CDI, mas aceita o risco de oscilação nas cotas e possibilidade de perdas patrimoniais.	Para quem quer ganhos superiores e tem um horizonte de tempo de 10 anos ou mais.	Para quem deseja se proteger das oscilações do dólar (desvalorização do real).	Para quem deseja diversificar investimentos e aceita riscos de oscilação na cota.

* Prazo médio dos títulos da carteira superior a 365 dias. Caso o fundo não siga esse prazo médio, a alíquota do come cotas passa a 20% sobre o rendimento

Considerações sobre os fundos

Os investidores, também chamados de cotistas, possuem uma parcela do patrimônio líquido (PL) do fundo, proporcional ao número de cotas adquiridas. O valor da cota do dia é resultante da divisão do valor do patrimônio líquido pelo número de cotas do fundo, apurados, ambos, no encerramento do dia, que é o horário de fechamento dos mercados em que o fundo atua.

O valor atualizado da cota é calculado pela seguinte equação:

$$\frac{\text{Valor dos ativos} - \text{despesas do fundo}}{\text{Número de cotas emitidas pelo fundo}}$$

O valor dos ativos se refere ao somatório dos títulos, ações, dólar, commodities, entre outros, que compõem a carteira do fundo. Por sua vez, as despesas do fundo tratam da taxa de administração, taxa de custódia, auditoria, publicação de balanço, entre outras.

Direitos e deveres dos cotistas

Todo cotista, ao ingressar no fundo, deve atestar, mediante termo próprio, que:

- recebeu o regulamento e o prospecto;
- tomou ciência dos riscos envolvidos e da política de investimento;
- tomou ciência da possibilidade, em alguns casos, de ocorrência de patrimônio líquido negativo e de sua responsabilidade por consequentes aportes de recursos.

Segregação de funções e responsabilidades

A taxa de administração cobrada pelo fundo cobre os serviços de administração, gestão, custódia e distribuição, que podem ser feitos por uma mesma entidade ou por quatro entidades distintas, desde que todas estejam cadastradas na CVM. Vejamos as atribuições de cada um:

- *administração* – a administração compreende o conjunto de serviços relacionados direta ou indiretamente ao funcionamento e à manutenção do fundo (gestão dos recursos, consultoria de investimentos, tesouraria, controle e processamento dos ativos, distribuição de cotas, escrituração da emissão e resgate de cotas, custódia dos ativos financeiros e classificação de risco por agência especializada), que podem ser prestados pelo próprio administrador ou por terceiros por ele contratados, por escrito, em nome do fundo. O administrador é, portanto, o responsável legal pelo fundo perante a CVM, ainda que todos os terceiros contratados sejam responsáveis solidários com o administrador por eventuais prejuízos causados aos cotistas em virtude de condutas contrárias à lei. Para a realização dessas atividades é cobrada dos cotistas uma taxa de administração;

- *gestão* – é comumente realizada por uma empresa conhecida como *asset management*, constituída especialmente para gerir os recursos de terceiros, evitando, assim, o conflito de interesses na gestão dos recursos próprios da instituição financeira. Pode pertencer ao próprio grupo financeiro ou ser uma *asset* independente, autorizada a gerir recursos pela CVM. O gestor de um fundo é o responsável por tomar decisões de compra e venda de ativos financeiros aderentes à política de investimento definida no regulamento;

- *distribuição* – é o processo de venda das cotas dos fundos. O distribuidor é aquele que vende o fundo, sendo responsável por orientar o investidor, identificar suas necessidades de investimento, seu perfil e sua aversão ao risco. Nos bancos, a distribuição é feita pelos gerentes das agências bancárias ou gerentes de bancos de investimento. Pode, ainda, ser distribuidora aquela pessoa física ou jurídica que se cadastre junto à CVM como agente autônomo de investimento (banco de investimento, corretora, entre outros);

❏ *custódia* – custodiante é a instituição responsável pela custódia dos títulos que compõem a carteira do fundo junto às câmaras de liquidação e compensação, acompanhando, inclusive, o exercício dos direitos (como pagamento de juros, bonificações, dividendos, direitos de subscrição). É necessário que o custodiante seja cadastrado na CVM.

O auditor independente é o responsável, registrado na CVM, por atestar anualmente, mediante parecer, que o fundo respeita as normas brasileiras de contabilidade e a legislação sobre fundos vigente no país. Após a avaliação técnica do fundo, o auditor independente emite um parecer. Nesse documento, o auditor relata sua opinião sobre a adequação do fundo aos princípios contábeis e à legislação em vigor. O auditor independente deve ser trocado pelo menos a cada cinco anos, sendo que sua recontratação somente pode ocorrer três anos após sua destituição.

Taxa de administração

A taxa de administração é a única fonte de receita do administrador e dos demais prestadores de serviços (gestor, custodiante e distribuidor). Está refletida no valor da cota, ou seja, o valor da cota divulgado para o mercado já está deduzido da taxa de administração, que pode ser de dois tipos:

❏ *taxa fixa* – é a forma mais simples e comum, provisionada diariamente sobre o patrimônio líquido do fundo e cobrada mensalmente pelo administrador. Por exemplo, imagine que o valor

da carteira de um determinado fundo é de R$ 98.765.432,10. Se a taxa de administração é de 1% a.a., será provisionado, neste dia, o valor de R$ 3.919,26, assim calculado:
R$ 98.765.432,10 × 1% ÷252 = R$ 3.919,26.
Portanto, o patrimônio do fundo será de
R$ 98.765.432,10 – R$ 3.919,26 = R$ 98.761.512,84.

- *taxa de performance* – é uma taxa cobrada pelo sucesso na administração. É calculada sobre o rendimento obtido acima de determinado parâmetro. Por exemplo, 20% do que exceder o CDI. Nesse caso, o administrador cobrará 20% de todo rendimento obtido acima do CDI.

Há duas outras formas de cobrança de taxa de administração que não são deduzidas do valor da cota, pois normalmente são cobradas diretamente da conta do investidor. São elas:

- *taxa de entrada* – cobrada quando o investidor aplica no fundo. O caso típico são os planos de previdência que costumam cobrar a taxa de carregamento, que é deduzida da aplicação do cliente. Exemplo: um investidor faz aplicações mensais de R$ 100,00 num fundo que cobra taxa de carregamento de 2%. Nesse caso, são debitados R$ 100,00 da conta bancária do cliente, mas só são aplicados no fundo R$ 98,00, ou seja, a taxa de carregamento é deduzida antes de o dinheiro entrar no fundo;
- *taxa de saída* – é utilizada por fundos de previdência ou por alguns fundos com perfil mais agressivo com objetivo de penalizar o resgate do investidor que precisa sair rapidamente e obriga o gestor a desmontar posições, gerando prejuízos para os demais cotistas. Um prazo maior possibilita ao gestor realizar com critério as vendas de títulos necessárias ao pagamento do resgate.

Vejamos como a taxa de administração pode impactar o retorno dos fundos.

No caso de fundos de renda fixa com gestão passiva, fundos de curto prazo, referenciado DI e renda fixa baixo risco, a rentabilidade esperada no médio prazo é equivalente à taxa da economia em vigor menos a taxa de administração. Exemplo: se a taxa Selic está em 9,5% a.a. e esses fundos cobram 3% a.a. de taxa de administração, é esperado, ao final de um ano, que a rentabilidade fique em torno de 6,5% (9,5% menos 3%) antes do imposto de renda. Pode-se, portanto, deduzir que a escolha do fundo precisa levar em conta a taxa de administração. Quanto menor a taxa de administração, maior a rentabilidade, ou seja, mais próximo da taxa da economia estará o rendimento.

Para os fundos multimercado e fundos de ações de gestão ativa, a taxa de administração não é significante, pois o rendimento do fundo vai depender da tomada de decisão do gestor no que se refere à *asset allocation* (distribuição dos ativos), ao *stock picking* (as ações que vai comprar) e ao *market timing* (o momento em que se posiciona ou se desfaz da posição).

Fundo de investimento em cotas (FIC)

O fundo de investimento em cotas de outro fundo de investimento (FICFI) caracteriza-se pela abertura de um fundo junto à CVM que aplica no mínimo 95% do seu patrimônio em cotas de outros fundos da mesma instituição ou de instituições diferentes.

A figura 13 exemplifica a utilização de um fundo de investimento em cotas (FIC) quando são abertos vários FICs que servirão de porta de entrada para aplicadores de segmentos diferentes da instituição financeira. O administrador faz a gestão de um ou dois fundos FI e os FICs aplicam em um ou em ambos os fundos. O objetivo é oferecer o mesmo produto com taxa de administração diferenciada de acordo com o valor inicial de aplicação, privilegiando os que possuem volume maior.

Figura 13
FUNDO DE INVESTIMENTO EM COTAS DE FUNDO DE INVESTIMENTO

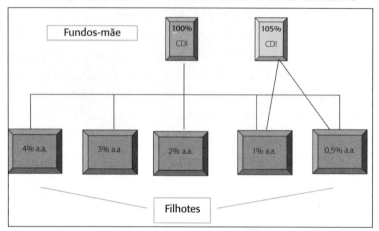

Na figura 14, temos a formação de um FIC que aplica em vários FIs do mercado, diversificando o risco de atuação ao distribuir o patrimônio entre vários gestores.

Figura 14
FUNDO DE INVESTIMENTO EM COTAS DE FUNDO DE INVESTIMENTO (FIC)

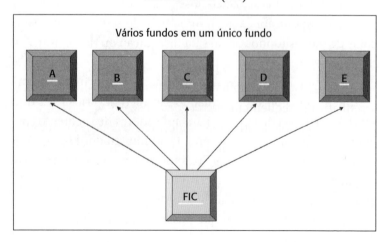

Lembretes:

- o FIC cambial somente pode aplicar em fundo de investimento (FI) cambial. Exceção: FIC multimercado, que pode aplicar em FI de várias classes;
- FIC de longo prazo somente pode aplicar em FI de longo prazo.

Marcação a mercado nos fundos

O procedimento de marcação a mercado, feito diariamente pelos administradores dos fundos de investimento, tem o objetivo de calcular o valor da cota de cada fundo com base no valor de mercado dos ativos que compõem a carteira do fundo.

Por que esse procedimento é necessário? Para que o valor da cota seja exatamente o que tiver de ser – nem mais, nem menos. Caso contrário, alguns cotistas podem ser prejudicados e outros, favorecidos, ou seja, haverá transferência de riqueza entre os cotistas.

Os ativos de renda fixa integrantes das carteiras dos fundos de investimento devem ser registrados pelo valor efetivamente pago, incluindo corretagens e emolumentos, e classificados nas seguintes categorias: ativos para negociação e ativos mantidos até o vencimento.

Na categoria de ativos para negociação devem ser registrados títulos e valores mobiliários adquiridos com a finalidade de serem ativa e frequentemente negociados.

Na categoria de ativos mantidos até o vencimento, devem ser registrados títulos e valores mobiliários quando, na data da aquisição, houver a intenção do gestor de preservar tais ativos na carteira do fundo até o vencimento, desde que sejam observadas, cumulativamente, as seguintes condições:

- o fundo de investimento seja destinado a um único investidor, a investidores pertencentes ao mesmo conglomerado ou grupo econômico-financeiro ou a investidores qualificados;
- haja solicitação formal de todos os cotistas, na qual deve constar declaração de que possuem capacidade financeira para levar até o vencimento os ativos classificados nessa categoria;
- todos os cotistas que ingressarem no fundo a partir da classificação nessa categoria declarem formalmente, por meio do termo de adesão ao regulamento, sua capacidade financeira e anuência à classificação de títulos e valores mobiliários integrantes da carteira do fundo na categoria mencionada neste item.

Estratégias de gestão: gestão ativa e gestão passiva

Na *gestão passiva*, o gestor tem por objetivo replicar o *benchmark*, buscando apenas segui-lo, sem correr riscos de descolamento. Exemplo: fundo referenciado DI, fundo Ibovespa indexado e fundo IBrX indexado.

Já na *gestão ativa*, o gestor tem por objetivo ultrapassar a rentabilidade do *benchmark*. Exemplo: fundo de renda fixa, fundos multimercado e fundo de ações livre.

Riscos

Os ativos que fazem parte de um fundo de investimento são de propriedade do próprio condomínio de investidores. Por esse motivo, os fundos de investimento não fazem parte do Fundo Garantidor de Crédito (FGC), que assegura até R$ 70 mil no caso de liquidação de uma instituição financeira.

No caso de ocorrer a liquidação da instituição financeira gestora ou administradora, como a propriedade dos ativos é do condomínio e não do banco, a administração dos recursos pode ser transferida para outra instituição por decisão da assembleia geral dos condôminos. Ressalta-se que essa deliberação de troca da instituição administradora pode ser feita na assembleia geral dos condôminos não só na liquidação, mas a qualquer momento.

Tributação

Os fundos estão sujeitos à tributação de imposto sobre operações financeiras (IOF) e imposto de renda (IR):

Imposto sobre operações financeiras (IOF)

Todos os fundos mencionados no decorrer deste capítulo, com exceção do fundo de ações, estão sujeitos ao recolhimento de IOF pelo administrador caso o resgate seja feito em prazo inferior a 30 dias da aplicação. O fato gerador do IOF é o resgate solicitado pelo cotista. A base de cálculo é o valor de resgate sobre o qual incide a alíquota de 1% a.d., limitado a um percentual do rendimento em função da tabela 12. Por exemplo, em uma aplicação por três dias, o limite percentual é de 90%, o que significa que, sobre o rendimento bruto, serão recolhidos 90% como IOF e o restante, 10%, ficam com o investidor.

Tabela 12
IMPOSTO SOBRE APLICAÇÕES FINANCEIRAS (LIMITE)

Dias	% limite	Dias	% limite	Dias	% limite
1	96	11	63	21	30
2	93	12	60	22	26
3	90	13	56	23	23
4	86	14	53	24	20

Continua

Dias	% limite	Dias	% limite	Dias	% limite
5	83	15	50	25	16
6	80	16	46	26	13
7	76	17	43	27	10
8	73	18	40	28	6
9	70	19	36	29	3
10	66	20	33	30	0

Imposto de renda (IR)

Após o IOF, é calculado o imposto de renda, obedecendo à alíquota correspondente ao prazo durante o qual os recursos ficaram aplicados. Nos fundos abordados, com exceção do fundo de ações, é aplicado o conhecido "come cotas", que é uma cobrança semestral de imposto de renda, sempre no último dia útil de maio e novembro, pela menor alíquota. O nome come cotas foi dado pelo fato de a cobrança ser feita por meio da diminuição do número de cotas que o investidor possui. A cobrança segue a classificação do fundo para efeito de tributação, ou seja, fundo de curto prazo ou fundo de longo prazo:

❑ fundo de curto prazo (quando o prazo médio é igual ou inferior a 365 dias). Nesse caso, os rendimentos serão tributados apenas por duas alíquotas: 22,5% até 180 dias e 20% de 181 dias em diante, sendo o come cotas de 20%, conforme tabela 13.

Tabela 13

IMPOSTO DE RENDA – FUNDOS DE CURTO PRAZO

Prazo de permanência (dias corridos)	Alíquota básica recolhida semestralmente (%)	Alíquota complementar (%)	Total (%)
0 a 180 dias	20,0	2,5	22,5
Acima de 180 dias	20,0	0	20,0

❑ fundo de longo prazo (quando o prazo médio da carteira supera 365 dias). Nos fundos classificados como de longo prazo, o rendimento é tributado por uma das quatro alíquotas de imposto de renda, dependendo do prazo de permanência do cotista no fundo, e o come cotas é de 15%. A diferença que porventura houver seguirá a alíquota complementar no momento do resgate, conforme detalhado na tabela 14.

Tabela 14
IMPOSTO DE RENDA – FUNDOS DE LONGO PRAZO

Prazo de permanência (dias corridos)	Alíquota básica recolhida semestralmente (%)	Alíquota complementar (%)	Total (%)
0 a 180 dias	15,0	7,5	22,5
181 a 360 dias	15,0	5,0	20,0
361 a 720 dias	15,0	2,5	17,5
Acima de 720 dias	15,0	0	15,0

Compensação de perdas

A legislação permite que perdas auferidas pelo investidor sejam compensadas com ganhos futuros que serão oferecidos à tributação. Essa compensação é permitida no mesmo fundo e também entre fundos diferentes do mesmo administrador, desde que os fundos tenham a mesma classificação. Por exemplo: os fundos de longo prazo só podem compensar prejuízos de outros fundos, também de longo prazo, do mesmo administrador. Por sua vez, os fundos de curto prazo só podem ser compensados com fundos de curto prazo, e os fundos de ações só podem ter a tributação compensada com fundos de ações. O administrador dos fundos não é obrigado a oferecer essa compensação, porém, sua capacidade de oferecê-la ao cliente é uma vantagem competitiva. A perda de um fundo somente pode ser utilizada para compensar lucros futuros após a ocorrência do resgate do fundo com prejuízo.

Vamos agora abordar outras famílias de fundos menos conhecidas, mas que são oportunidades interessantes e disponíveis para aplicação.

Fundos de investimento em direitos creditórios (FIDCs)

Têm por objetivo gerar recursos para as empresas dos segmentos financeiro, industrial, imobiliário, de hipotecas, de arrendamento mercantil e de prestação de serviço mediante a compra de seus recebíveis. Por sua vez, os investidores que adquirem cotas de um FIDC estão comprando o "contas a receber" de uma empresa privada, e o risco é o não pagamento dessas faturas pelo cliente final.

Principais características:

❏ mínimo de 50% dos recursos devem estar aplicados em direitos creditórios ou títulos representativos desses direitos, podendo o restante ser aplicado em outros ativos;

❏ os direitos creditórios contra uma mesma pessoa física ou jurídica não podem exceder 10% do patrimônio do fundo;

❏ é permitido ao fundo de recebíveis emitir cotas com classificação de risco distinta:

 ❏ cotas seniores – são aquelas que possuem prioridade no recebimento em relação às cotas subordinadas quando da amortização ou resgate (liquidação) e devem ter apenas uma única classe, ou seja, todas com as mesmas características;

 ❏ cotas subordinadas – são aquelas que se subordinam às cotas seniores, podendo ser de diversas classes, com características e prioridades distintas entre si. São normalmente subscritas pelo cadente dos recebíveis da carteira do fundo (empresa que vendeu os recebíveis). Funcionam como uma garantia para os investidores.

Os FIDCs só podem ser distribuídos a investidores qualificados e exigem um valor mínimo de aplicação de R$ 25 mil.

A incidência do imposto de renda sobre os rendimentos dos FIDCs é idêntica à aplicável aos fundos de investimento em geral.

Fundos de investimento imobiliário (FIIs)

Os fundos imobiliários, à semelhança dos fundos de ações, renda fixa, multimercado, entre outros, são regulados e fiscalizados pela CVM, por se tratar de captação de recursos do público para investimento. São formados por grupos de investidores com o objetivo de aplicar recursos, solidariamente, no desenvolvimento de empreendimentos imobiliários ou em imóveis prontos. Do patrimônio de um fundo podem fazer parte um ou mais imóveis, partes de imóveis e direitos a eles relativos.

Veja a seguir as principais características de um fundo imobiliário:

❏ o fundo imobiliário é um fundo fechado (sem a possibilidade de resgate de cotas), não possui personalidade jurídica própria, é administrado por uma instituição financeira e pelo menos 75% do seu patrimônio deve estar aplicado em bens e direitos imobiliários. O saldo em caixa deve permanecer em ativos de renda fixa;
❏ o fundo pode ser de renda (quando a carteira é composta de imóveis alugados ou títulos imobiliários) ou ser um fundo destinado a construção de imóvel(is).

Em ambos os casos, o retorno do capital investido se dá de duas formas:

- distribuição mensal de renda aos cotistas, sobre a qual há isenção de imposto de renda;
- valorização/desvalorização dos bens que compõem a carteira, cujo resultado é apurado quando da venda das cotas em bolsa de valores pelo investidor ou na distribuição da participação de cada um na dissolução do fundo. Nesse caso, há tributação sobre o ganho de capital, à alíquota de 15% aplicada sobre a diferença entre o valor apurado na saída do cotista do fundo e o valor originalmente investido.

No que diz respeito ao rendimento:
- existe dispositivo legal obrigando o administrador a distribuir a seus cotistas no mínimo 95% do lucro eventualmente auferido pelo fundo;
- as cotas podem ser transferidas tanto em transações privadas quanto no mercado secundário de valores mobiliários, nos mercados de balcão ou bolsas de valores;
- o investidor deve aguardar a data de vencimento do fundo, vender suas cotas no mercado secundário ou transferi-las para outro investidor que tenha interesse em adquiri-las;
- para aplicações de pessoas físicas, os rendimentos estão isentos de imposto de renda. Entretanto as cotas, quando vendidas ou negociadas, estão sujeitas a imposto de renda sobre o ganho de capital à alíquota de 20%.

Essa modalidade de investimento começou a ganhar destaque no Brasil com a estabilização da economia brasileira e com a queda da taxa de juros. No caso de o investidor querer vender a sua participação no fundo, isso pode ser feito em Bolsa de Valores ou mercados de balcão organizados.

Fundos de índices (ETF)

O fundo de índices, conhecido no exterior como *exchange traded fund* (ETF), é um fundo de investimento constituído nos termos da Instrução CVM nº 359, de 22 de janeiro de 2002, sob a forma de condomínio aberto, cujas cotas são negociadas na BM&Fbovespa, tal qual uma ação. Cada cota busca representar a carteira teórica de ações representativa do índice subjacente, permitindo que o investidor aplique, com poucos recursos, numa carteira com várias ações, cuja rentabilidade tende a acompanhar o referido índice. Portanto, ao investir em ETF, você, leitor, usufrui da facilidade de fazer uma única negociação em Bolsa em troca de uma carteira diversificada de ações

Na tabela 15, os ETFs disponíveis para investimento.

Tabela 15
ETFs EM NEGOCIAÇÃO NA BOLSA

Nome	Código	Data	Último R$	Nº neg.
ISHARES BOVA CI	BOVA 11	28-11-2011	55,46	1424
ISHARES BRAX CI	BRAX 11	28-11-2011	37,92	29
ISHARES CSMO CI	CMSO 11	28-11-2011	32,27	1
ISHARES MILA CI	MILA 11	25-11-2011	40,60	1
ISHARES MOBI CI	MOBI 11	28-11-2011	15,50	508
ISHARES SMAL CI	SMAL 11	28-11-2011	57,85	16
IT NOW IFNC CI	FIND 11	18-11-2011	32,26	1
IT NOW IGCT CI	GOVE 11	28-11-2011	17,88	1
IT NOW ISE CI	ISUS 11	3-11-2011	19,89	1
PIBB CI	PIBB 11	28-11-2011	80,10	26

Fonte: <www.bmfbovespa.com.br>. Acesso em: 28 nov. 2011.

A tributação é parecida com a aplicada para ações: o lucro auferido, calculado entre o preço de venda e o preço de compra, é tributado à razão de 15% recolhidos pelo investidor via documento de arrecadação de receitas federais (Darf) no último dia do mês seguinte da operação, considerando a data do recebimento dos valores. Porém, não há isenção de imposto de renda no caso de venda até R$ 20 mil no mesmo mês.

Como aplicar? Você, leitor, se cadastra numa corretora de valores para comprar e vender ações pelo *home broker*. Para comprar é só digitar o código do ETF, como o BOVA11, a quantidade (10 é a quantidade mínima permitida) e o valor. Como o BOVA11 procura reproduzir o Ibovespa, sua cotação tende a ficar próxima do índice Bovespa dividido por mil. Você estará comprando cotas de um fundo de investimento via *home broker*. O cuidado que o investidor deve ter é relativo ao fato de a cota negociada em Bolsa poder apresentar, em determinados momentos, valores acima (ágio) ou abaixo (deságio) do valor exato da cota do fundo, uma vez que uma demanda forte pelo título num determinado dia pode elevar a sua cotação e vice-versa. Mas é um excelente investimento para quem deseja participar do mercado de ações de forma diversificada e não tem tempo de montar e acompanhar uma carteira de ações exercendo todos os direitos adequadamente.

Fundos de investimento em participações (FIPs)

O Fundo de Investimento em Participações (FIP), conhecido também como fundo de *private equity*,

> constituído sob a forma de condomínio fechado, é uma comunhão de recursos destinados à aquisição de ações, debêntures, bônus de subscrição, ou outros títulos e valores mobiliários conversíveis ou permutáveis em ações de emissão de compa-

nhias, abertas ou fechadas, participando do processo decisório da companhia investida, com efetiva influência na definição de sua política estratégica e na sua gestão notadamente através da indicação de membros do Conselho de Administração.

[...]

Da denominação do fundo deverá constar a expressão "Fundo de Investimento em Participações".[3]

A participação do fundo no processo decisório da companhia investida pode ocorrer pela:

- detenção de ações que integrem o respectivo bloco de controle;
- celebração de acordo de acionistas;
- celebração de ajuste de natureza diversa ou adoção de procedimento que assegure ao fundo efetiva influência na definição de sua política estratégica e na sua gestão.

Planos de previdência complementar (PGBL e VGBL)

Quando se pensa na aposentadoria, existem duas opções para se estabelecer o planejamento: depender da previdência oficial, com uma aposentadoria de valor limitado e relativamente baixo, ou complementar a aposentadoria com recursos próprios, por meio de aplicações diretamente realizadas pelo investidor, ou aderir a um plano de previdência complementar.

No Brasil, temos: PGBL, que é um plano de previdência complementar, e o Vida Gerador de Benefício Livre (VGBL), que é um seguro de vida com cobertura por sobrevivência. Vejamos as principais diferenças entre esses dois produtos no quadro 6.

---

[3] Instrução Normativa CVM nº 391, de 16 de julho de 2003, art. 2º, *caput* e §6º.

Quadro 6
RESUMO DAS DIFERENÇAS ENTRE PGBL E VGBL

PGBL Plano gerador de benefício livre	VGBL Vida gerador de benefício livre
Indicado para:	Indicado para:
Declaração do IRPF completa. (Dedução das contribuições efetuadas até 12% da renda bruta anual.)	Declaração anual de isento.
	Declaração do IRPF simplificada.
	Declaração do IRPF completa. (Contribuições excedentes aos 12% da renda bruta anual.)
Plano de previdência privada aberta complementar.	Seguro de vida com cobertura por sobrevivência.
Dedução na base de cálculo do imposto de renda até o limite de 12% da renda bruta anual.	Não pode ser deduzido do IR.
Incidência de IR, conforme regime tributário escolhido, sobre o valor total dos resgates e da renda paga.	Incidência de IR, conforme regime tributário escolhido, sobre a parte referente aos rendimentos dos resgates e da renda paga.
Repasse de 100% da rentabilidade obtida na aplicação dos recursos.	Repasse de 100% da rentabilidade obtida na aplicação dos recursos.
Diferente dos fundos de investimento, não há incidência de IR sobre os rendimentos no período de aplicação.	Diferente dos fundos de investimento, não há incidência de IR sobre os rendimentos no período de aplicação.
Acompanhamento diário da rentabilidade.	Acompanhamento diário da rentabilidade.
Flexibilidade e transparência.	Flexibilidade e transparência.

A principal diferença entre o PGBL e o VGBL é o tratamento fiscal. No PGBL, por se tratar de um plano de previdência privada, as contribuições podem ser deduzidas da base de cálculo sujeita à incidência mensal do imposto de renda. Na declaração de ajuste anual do imposto de renda, o contribuinte que declara pelo modelo completo de declaração do IR pode deduzir, da base de cálculo do IR, o valor de todas as contribuições efetuadas para a previdência privada, limitado a 12% da renda bruta tributável anual. Na verdade, o governo cobrará, no futuro, o pagamento de imposto. Portanto, quem tem este benefício terá uma cobrança adicional no resgate ou na aposentadoria. A tributação vai incidir sobre todo o montante e não apenas sobre o rendimento. Reaplique o valor economizado!

A escolha entre PGBL e VGBL está diretamente relacionada às características atuais da sua renda. As demais características e rendimento são idênticas.

Classes de planos – PGBL e VGBL

Ambos os planos são oferecidos sob a forma de fundos. Os fundos podem ser de renda fixa ou compostos, que podem ter de 5% até 49% em ações. Escolha aquele que é compatível com o seu perfil, observando o que se segue no momento de fazer ou renovar o plano.

O processo de acumulação

A sua aposentadoria vai depender de quanto você conseguir acumular. Por isso, é importante acompanhar o rendimento do fundo escolhido. Sobre o montante atingido, no momento da aposentadoria é aplicado um fator de acordo com a idade e que difere de mulher para homem. A relação de fatores é encontrada na tábua atuarial, que pode ser pesquisada na internet. A tábua atuarial tem-se modificado periodicamente, de acordo com o aumento da longevidade das pessoas. Procure conhecer a tábua que você contratou no momento em que fez o plano: AT-49, AT-83, AT-2.000 ou a tábua brasileira, denominada "experiência do mercado segurador brasileiro" (BR-SEM), lançada pela Superintendência de Seguros Privados (Susep) em março de 2010. Ao fazer portabilidade, ou seja, trocar de plano na mesma instituição ou trocar para o plano de outra instituição, não se esqueça de consultar se vai poder manter a mesma tábua atuarial. Quanto mais antiga a tábua, melhor para o investidor.

A figura 15 ilustra as duas fases: a de acumulação e a de distribuição do benefício.

Figura 15
REPRESENTAÇÃO DO PROCESSO DE ACUMULAÇÃO/DISTRIBUIÇÃO

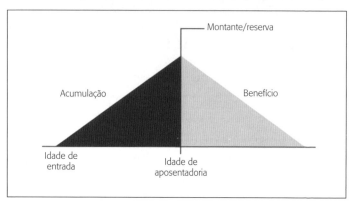

As taxas

Ao contratar o plano, além de conhecer a tábua atuarial, é necessário negociar a taxa de administração e a taxa de carregamento:

❏ *taxa de administração* – incide sobre o patrimônio administrado tal qual nos fundos de investimento. Se o plano escolhido for renda fixa, a taxa cobrada vai impactar seu ganho, podendo resultar em um rendimento inferior ao auferido na poupança, dependendo do percentual cobrado. Lembre-se: a taxa da economia menos a taxa de administração é o que você vai ter de juros anualmente antes da tributação. Uma poupança rende 6,17% a.a. e é isenta de imposto de renda.

❏ *taxa de carregamento* – cobrada pela maioria dos planos para cobrir despesas de venda do produto. É cobrada sobre os aportes. Há planos que não cobram taxa de carregamento se você ficar acima de N anos. Impacto da taxa de carregamento: se a instituição cobra 2% sobre cada aporte, isto significa que, de cada R$ 100,00, apenas R$ 98,00 vão ser acumulados para sua aposentaria. Você levará uns três meses, pelo menos, para voltar a ter os R$ 100,00.

Vale observar que a taxa de administração tem um impacto maior, pois é cobrada anualmente sobre seu volume total, enquanto a taxa de carregamento é cobrada somente sobre os aportes. Ao negociar, prefira reduzir sobremaneira a taxa de administração.

Tributação

No ingresso você também define a tributação: progressiva ou regressiva, seja PGBL ou VGBL:

❏ *tabela progressiva* – a forma de cobrança do imposto de renda para os resgates é de alíquota única na fonte – 15% –, devendo o imposto retido ser considerado no ajuste anual do imposto de renda para compensação ou pagamento da diferença.
❏ *tabela regressiva* – trata-se de alíquotas decrescentes de imposto de renda para investidores com aplicações de longo prazo. As alíquotas variam de acordo com o tempo de permanência da parcela aplicada, da seguinte forma:
  ❏ 35% para aplicação por até dois anos;
  ❏ 30% para aplicação entre dois e quatro anos;
  ❏ 25% para aplicação entre quatro e seis anos;
  ❏ 20% para aplicação entre seis e oito anos;
  ❏ 15% para aplicação entre oito e 10 anos;
  ❏ 10 % para aplicação por prazo superior a 10 anos.

A tabela decrescente é, portanto, um incentivo à poupança dos participantes de longo prazo, pois o imposto de renda se reduz à medida que o prazo de acumulação das reservas aumenta.

Risco e retorno nos fundos de investimento

O desempenho e o risco de um fundo de investimento estão diretamente associados ao tipo de fundo e à escolha dos ativos por parte do gestor.

O melhor fundo é aquele que proporciona a melhor relação entre retorno e risco. Uma estratégia de gestão muito agressiva pode proporcionar maior retorno, mas ao custo de um maior risco e maiores chances de perdas, o que se reflete na volatilidade das cotas.

Lembre-se, leitor, como salientado neste capítulo, de ler o regulamento e o prospecto do fundo de investimento para saber onde o gestor poderá aplicar os recursos e conhecer o nível de alavancagem permitido, de modo que você possa dimensionar o risco que estará correndo. Você sempre precisa saber onde seu dinheiro está sendo alocado.

Neste capítulo, você, leitor, conheceu a modalidade de investimento que mais cresce no mundo todo, bem como as suas características e riscos envolvidos, de forma a poder selecionar a melhor alternativa para seus objetivos.

Conclusão

No que se refere a aplicações de recursos, estamos vivendo um momento novo e diferente no Brasil. A globalização, a estabilização e a entrada do Brasil no contexto internacional trazem novas possibilidades de investimento. Como já ocorre nos demais países desenvolvidos, as pessoas investem em atividades produtivas, complementando os empréstimos bancários para as empresas aumentarem sua capacidade de produção.

Como você pôde verificar no decorrer deste livro, podemos emprestar dinheiro para instituições financeiras, governo e empresas. A rentabilidade vem associada a dois fatores principais: risco de inadimplência e prazo. O mercado exige uma remuneração maior para títulos cujo risco de crédito é maior. Por outro lado, você pode escolher títulos de menor risco e aplicar por um prazo maior, com carência de um ou dois anos. Nesse caso, a remuneração do seu capital também será mais alta.

Para otimizar a rentabilidade das aplicações, é importante e necessário que você, leitor, faça um planejamento financeiro que o auxilie na busca de melhores alternativas, adequadas ao seu perfil de risco, para seus objetivos de curto, médio e longo prazos.

Na renda fixa, quando você alonga aplicações e não necessita de liquidez diária, pode conseguir taxas de juros maiores e imposto de renda menor, incrementando a rentabilidade final.

Na renda variável, recomendada apenas para quem tem horizonte de cinco a 10 anos, seu ganho pode (não significa que sempre vai ocorrer) ser melhor do que em renda fixa, mas só aplique se você não tiver data para utilizar o dinheiro e se seu perfil permite produtos com alta volatilidade, podendo permanecer com rentabilidade negativa durante três anos, como ocorreu com o Ibovespa em 2000, 2001 e 2002.

Os mercados derivativos, por muitos considerados de altíssimo risco, são úteis para se proteger, de forma rápida, de mudanças na economia.

Finalizando, os recursos entregues para um terceiro administrar, como vimos, são os fundos de investimento. Para acompanhar a rentabilidade que o fundo está proporcionando aos cotistas, acompanhe simultaneamente o *benchmark*.

Este livro não esgota as alternativas, mas busca ampliar para você, leitor, o leque de oportunidades, associando retorno e risco e desmistificando o mercado financeiro.

O momento atual nos convida a participar, como agentes do processo de crescimento e desenvolvimento do Brasil, rompendo paradigmas e aceitando o novo, com consciência e com conhecimento dos riscos inerentes. Este novo mundo requer que façamos aplicações de prazo mais longo e que aprendamos a negociar taxas de juros com os gerentes e a realizar a compra e a venda de títulos em Bolsa de Valores ou em mercado de balcão organizado, a preço de mercado, de acordo com as necessidades de liquidez.

Vá em frente! Agora que você, leitor, conhece as características do mercado financeiro, tome as decisões de acordo com seu perfil e objetivos de vida. Pergunte e pesquise. O segredo é estar sempre atento à rentabilidade oferecida e aos riscos do produto: risco de crédito, risco de mercado e risco de liquidez.

Referências

ANBIMA. *Classificação dos fundos de investimento.* Disponível em: <www.anbid.com.br/institucional/CalandraRedirect/?> Acesso em: 13 mar. 2011.

ASSAF NETO, Alexandre. *Mercado financeiro.* 8. ed. São Paulo: Atlas, 2009.

BANCO CENTRAL DO BRASIL. *Sistema financeiro nacional*: composição e evolução do SFN. Disponível em: <http://www.bcb.gov.br/Pre/composicao/composicao.asp? idioma=P>. Acesso em: 15 jul. 2010.

BLACK, Fischer; SCHOLES, Myron. The pricing of options and corporate liabilities. *Journal of Political Economy,* v. 81, p. 637-659, maio/jun. 1973.

BM&FBOVESPA EDUCACIONAL. *Entenda o mercado de ações.* Disponível em: <www.bmfbovespa.com.br/pt-br/educacional/iniciantes/mercado-de-acoes/entenda-o-mercado-de-acoes/entenda-o-mercado-de-acoes.aspx?idioma=pt-br>. Acesso em: 11 mar. 2011.

_____. *ETFs*: fundos de índices. Disponível em: <www.bmfbovespa.com.br/shared/iframe.aspx?idioma=pt-br&url=http://www.bmfbo-

vespa.com.br/pt-br/mercados/fundos/ExecutaAcaoEtf.asp>. Acesso em: 26 maio 2010.

_____. *Índice Bovespa*. Disponível em: <www.bmfbovespa.com.br/indices/ResumoIndice.aspx?Indice=Ibovespa&Idioma=pt-BR>. Acesso em: 1 ago. 2010.

BRASIL. Lei nº 6.404, de 15 de dezembro de 1976 e alterações. Dispõe sobre as sociedades por ações. *Diário Oficial da União*, Brasília, DF, 17 dez. 1976. Disponível em: <www.planalto.gov.br/ccvil_03/Leis/L6404consol.htm>. Acesso em: 1 ago. 2010.

_____. Decreto nº 6.306, de 14 de dezembro de 2007. Regulamenta o imposto sobre operações de crédito, câmbio e seguro, ou relativas a títulos ou valores mobiliários (IOF). *Diário Oficial da União*, 17 dez. 2007, Brasília, DF. Disponível em: <www.normaslegais.com.br/legislacao/decreto6306_2007.htm > Acesso em: 13 mar. 2011.

CAVALCANTE, Francisco; MISUMI, Jorge Yoshio; RUDGE, Luiz Fernando. *Mercado de capitais*: o que é, como funciona. 7. ed. Rio de Janeiro: Elsevier, 2009.

COMISSÃO DE VALORES MOBILIÁRIOS. Instrução CVM nº 359, de 22 de janeiro de 2002. Dispõe sobre a constituição, a administração e o funcionamento dos fundos de índice, com cotas negociáveis em Bolsa de Valores ou mercado de balcão organizado. *Diário Oficial da União*, Brasília, DF. Disponível em: <www.cvm.gov.br/asp/cvmwww/atos/exiato.asp?File=%5Cinst%5Cinst359.htm>. Acesso em: 20 jul. 2011.

_____. Instrução CVM nº 409, de 18 de agosto de 2004. Dispõe sobre a constituição, a administração, o funcionamento e a divulgação de informações dos fundos de investimento. *Diário Oficial da União*, Brasília, DF. Disponível em: <www.cvm.gov.br/asp/cvmwww/atos/exiato.asp?file=%5Cinst%5Cinst409consolid.htm>. Acesso em: 20 jul. 2011.

COMPANHIA BRASILEIRA DE LIQUIDAÇÃO E CUSTÓDIA (CBLC). *Site oficial*. Disponível em: <www.cblc.com.br>. Acesso em: 20 jul. 2011.

COX, John C.; ROSS S. A.; RUBINSTEIN, Mark. Option pricing: a simplied approach. *Journal of Financial Economics*, v. 7, p. 229-263, 1979.

GORDON, Myron J. Dividends, earnings and stock prices. *Review of Economics and Statistics*, Boston, v. XLI, n. 2, May 1959.

INSTITUTO BRASILEIRO DE GOVERNANÇA CORPORATIVA. *Governança corporativa*. Disponível em: <www.ibgc.org.br/Secao.aspx?CodSecao=17>. Acesso em: 22 set. 2010.

NEOLÓGICA. *Análise gráfica*: representação do padrão OCO (ombro-cabeça-ombro). Disponível em: <www.nelogica.com.br/tutoriais/introtec/introtec08.php>. Acesso em: 18 jan. 2011.

PATEL, Alpesh B. *The mind of a trader*. London: Pearson, 1997.

SISTEMA NACIONAL DE DEBÊNTURES. *Introdução a debêntures*. Disponível em: <www.debentures.com.br/espacodoinvestidor/introducaoadebentures.asp>. Acesso em: 20 jul. 2011.

TESOURO NACIONAL. *Tesouro direto*: preços e taxas dos títulos. Disponível em: <www.tesouro.fazenda.gov.br/tesouro_direto/consulta_titulos/consultatitulos.asp>. Acesso em: 11 mar. 2011.

WILDER, J. Welles. *New concepts in technical trading systems*. New York: Trend Research, 1978.

WILLIAMS, John B. *The theory of investment values*. New York: Fraser, 1997.

Os autores

Myrian Layr Monteiro Pereira Lund

Mestre em gestão empresarial pela FGV, especialista em finanças pelo Ibmec, graduada em administração pela FGV e planejadora financeira pessoal certificada pelo IBCPF. Autora do livro *Liderança e motivação*, da série FGV Management. Possui experiência de mais de 20 anos em cargos executivos de instituições financeiras. Professora convidada e coordenadora de MBA do FGV Management. Consultora na FGV Projetos.

Cristóvão Pereira de Souza

Mestre em gestão empresarial pela FGV, especialista em finanças pelo Ibmec, especialista em administração pela Coppead/RJ com extensão pela New York University, graduado em engenharia pela PUC-Rio. Ex-diretor financeiro da SFB Sistemas S.A. Ex-chefe da Assessoria de Estudos Financeiros da Petros. Autor do livro *Finanças corporativas*, da série FGV Management. Professor convidado do FGV Management.

Luiz Celso Silva de Carvalho

Mestre em economia empresarial pela Universidade Cândido Mendes, especialista em desenvolvimento econômico e social pelo IE/UFRJ, pós-graduado em administração financeira pela FGV e graduado em engenharia eletrônica pela Veiga de Almeida. Trabalhou na Cacex, na BB DTVM e no Banco Central, onde atuou na área de auditoria e na mesa de operações de mercado aberto. Trabalha no BNDES na área de análise de projetos de investimento. Autor do livro *Matemática financeira aplicada*, da série Cademp do FGV Management. Professor convidado do FGV Management.